SoPäd | LERNEN

Cathrin Ehlers

Alles rund um die Pubertät

Körperliche Veränderungen, Gefühle und Identität

Materialien zur **Sexualpädagogik** für Förderschulen und inklusiven Unterricht

Impressum

Titel

Alles rund um die Pubertät. Körperliche Veränderungen, Gefühle und Identität
Materialien zur Sexualpädagogik für Förderschulen und inklusiven Unterricht

Autorin

Cathrin Ehlers

Sensitivity Reading

F. Ahlers

Umschlagmotive

Teenager/Bubbles, Rasierer, Tampon © Nicoleta Ionescu, Tube © Qualit Design,
Deostick © Simply Amazing, Kondome © OlhaZS_art, Binde © alexdndz – alles Shutterstock.com

Druck

Heenemann GmbH & Co. KG, Berlin, DE

Verlag an der Ruhr
Mülheim an der Ruhr
www.verlagruhr.de

QR-Code is registered trademark of DENSO WAVE INCORPORATED.

Sollten der Link und der QR-Code ihre Gültigkeit verlieren, wenden Sie sich bitte an digitaleslernen@verlagruhr.de.

Geeignet für die Klassen 5–10

ISBN 978-3-8346-6327-6

Inhaltsverzeichnis

Vorwort

Willkommen in dem spannenden Gebiet der sexuellen Aufklärung!
Ich freue mich, Sie, liebe*r Lernbegleiter*in[1], mit diesem Buch auf dieser aufregenden Reise der Sexualerziehung und -aufklärung mit dem Schwerpunkt der Ich-Entwicklung und Pubertät unterstützen zu dürfen.

In diesem Buch erkunden Sie gemeinsam mit den Schüler*innen die verschiedenen Aspekte der Pubertät: Es geht um Themen wie die körperlichen Veränderungen während der Pubertät, die Entwicklung der Geschlechtsmerkmale, den Menstruationszyklus, die Selbstbefriedigung, Gefühle, Wünsche sowie auch um (Intim-)Hygiene. Auch die Bedeutung von körperlichen und emotionalen Grenzen und wie man diese respektiert, sind Themen dieses Buches.

Das Ziel des Aufklärungsunterrichts mit den vorliegenden Materialien ist die Schaffung einer sicheren und offenen Lernumgebung, in der die Schüler*innen ihre Fragen stellen können, ohne Angst vor Verurteilung oder Peinlichkeit haben zu müssen. Die Pubertät ist eine Lebensphase, in der sich Jugendliche schnell überfordert und verunsichert fühlen können. Gleichzeitig haben sie viele Fragen und sind neugierig auf das, was sie erwartet. Der Unterricht sollte die Schüler*innen dazu ermutigen, sich offen zu äußern, damit sie sich bestmöglich aufgeklärt und beraten fühlen können. Die Schüler*innen sollen mithilfe der Materialien und Unterrichtsanregungen ein Verständnis für den eigenen Körper und die eigenen Gefühle sowie den Körper und die Gefühle der anderen entwickeln. Dies soll sie darin unterstützen, selbstverantwortliche Entscheidungen treffen zu können.

Die allgemeine Sexualpädagogik hat verschiedene Aufgaben, die je nach Zielgruppe und Kontext variieren können. Im Allgemeinen strebt die Sexualpädagogik an, Kindern, Jugendlichen und jungen Erwachsenen ein positives und verantwortungsbewusstes Verhältnis zu ihrem Körper, ihren Mitmenschen und ihrer Sexualität zu vermitteln. Die Schüler*innen erfahren Selbstfürsorge, können Selbstbewusstsein, Selbstkompetenz und Vertrauen in sich entwickeln und Risiken und Probleme reduzieren.

Konkrete Aufgaben der Sexualpädagogik sind:

- Aufklärung: Vermittlung von Informationen über die biologischen, psychologischen und sozialen Aspekte der Sexualität.
- Prävention sexuell übertragbarer Krankheiten und ungewollter Schwangerschaften: Vermittlung von Kenntnissen über Safer Sex, Verhütungsmethoden und Hygiene
- Förderung sexueller Gesundheit: Vermittlung von Wissen über sexuelle Gesundheit, Intimhygiene und körperliche Selbstbestimmung
- Sensibilisierung für Geschlechtervielfalt und Abbau von Vorurteilen: Vermittlung von Wissen und Akzeptanz für die Vielfalt von Lebensentwürfen und sexuellen Orientierungen
- Stärkung von Beziehungen und Kommunikation: Förderung von Kommunikationsfähigkeit und Beziehungskompetenz, um sexuelle Bedürfnisse und Grenzen unter Einbezug der Selbstwahrnehmung klar kommunizieren zu können
- Sensibilisierung für sexuelle Gewalt und Übergriffe: Vermittlung von Kenntnissen über sexuelle Gewalt und Übergriffe, Aufzeigen möglicher präventiver Verhaltensweisen, Förderung von Handlungskompetenz im Umgang mit solchen Situationen

Gesellschaftliche Verhaltensdiversitäten und -prägungen

Das Wissen und die Kommunikation zum Thema „Sexualität und Gender" ändern sich aufgrund der größer werdenden Offenheit der Gesellschaft dafür schnell. Dadurch kann die sprachliche und inhaltliche Umsetzung nur eine Momentaufnahme sein. Teilweise gibt es immer noch stereotype Denkmuster (ein Mann/Frau hat so zu sein/zu empfinden). Sexualität und Sexualpädagogik sind sehr durch Glaubenssätze, Werte, Religion, Moralvorstellungen und Haltungen der Eltern, Lehrpersonen, Medien, Peergroup und auch der Schülerschaft geprägt. Häufig entstehen Vorurteile und sexuelle Verhaltenskodexe durch unreflektiertes Nachahmen anderer, durch Vergleich und durch den inneren Druck, mithalten zu wollen.

[1] Der Verlag an der Ruhr legt großen Wert auf eine geschlechtergerechte und inklusive Sprache. Daher nutzen wir das Gendersternchen, um sowohl männliche und weibliche als auch nichtbinäre Geschlechtsidentitäten einzuschließen. Alternativ verwenden wir neutrale Formulierungen.

Hier setzen sensible und unvoreingenommene Lernbegleiter*innen an: Wissen vermitteln, Vertrauen aufbauen sowie Schamgrenzen achten und respektieren unter dem Aspekt wohl ausgewählter und sensibler Sprache und doch großer Offenheit für Verschiedenheit und Toleranz gegenüber unterschiedlichen Kulturen und Lebens- und Beziehungsformen. Ich möchte Sie als Lernbegleiter*in dazu einladen, als Vorbereitung zu diesem Thema genau das für sich selbst zu hinterfragen und das evtl. auch, soweit im (koedukativen) Team unterrichtet wird, gemeinsam zu diskutieren.

Dieses Buch ist speziell für Schüler*innen mit dem Förderschwerpunkt Lernen und für inklusive Settings konzipiert. Mein Anspruch war es, die Balance zu halten zwischen der Anpassung der Inhalte an die Bedürfnisse und Erfahrungswelten dieser Schülerschaft und dem Anspruch, sachlich korrekte und der Vielfältigkeit Rechnung tragende Informationen zu vermitteln.

In vielen Bereichen war eine Abwägung zwischen didaktischer Reduktion und Nuanciertheit der Darstellung nötig. Sollte dies in Einzelfällen dazu führen, dass einige Aussagen, z. B. im Hinblick auf die Geschlechtervielfalt, zu pauschal ausfallen, bitte ich, mir dies nachzusehen. Mir ist bewusst, dass sich nur ein Teil der Variationsbreite sexueller Ausprägungs- und Lebensformen wie auch von körperlicher Verschiedenheit abbilden lässt. Mein Schwerpunkt liegt hierbei auf der Entwicklung und Entfaltung der Toleranz gegenüber unseren Mitmenschen.

Exkurs zum Kapitel „Selbstbefriedigung“

Dieser Band zielt vor allem auf den Umgang mit der eigenen Entwicklung und der Pubertät ab. Das Thema „Selbstbefriedigung“ betrachte ich hierbei als wichtigen und doch oft kritisch gesehenen Bestandteil der Sexualaufklärung. Es ist hilfreich, die Bedenken und Fragen der jungen Menschen wie auch der Eltern ernst zu nehmen und ihnen zu zeigen, dass eine umfassende Aufklärung positive Auswirkungen auf die sexuelle Gesundheit und das Wohlbefinden haben kann. Eine positive und offene Haltung gegenüber Sexualität und Selbstbefriedigung kann dazu beitragen, dass Kinder ein gesundes Verhältnis zu ihrer eigenen Sexualität entwickeln. Selbstbefriedigung ist ein natürlicher Teil einer normalen und gesunden sexuellen Entwicklung, sie kann ein besseres Verständnis für den eigenen Körper hervorrufen und zu mehr Selbstfürsorge, Selbstbewusstsein und Körperakzeptanz führen.

Didaktisch-methodische Vorgehensweise

Zu Beginn des Unterrichts müssen die Schüler*innen und Eltern über die Unterrichtsreihe informiert werden (siehe hier die kultusministeriellen Schreiben der jeweiligen Bundesländer). Je nach Alter, Zusammensetzung der Klasse und den gewünschten Lerninhalten gilt es für uns, eine stimmige Lernarchitektur und Struktur der Lerneinheiten zu entwickeln. Welche Lerninhalte sind besser in kleineren Vertrauensgruppen und welche in Klassengruppen verortet? Welche Rolle spielt das Geschlecht dabei?

Um an das Vorwissen und die Interessen der Schüler*innengruppe anzuknüpfen und dennoch einen geschützten Raum zu wahren, empfehle ich, eine „Schatzkiste“ einzuführen, in die die Schüler*innen anonym Fragen auf Zettelchen hineinlegen können. Auch ist es hilfreich, mit den Schüler*innen zu besprechen, dass Sexualerziehung in einem geschützten Rahmen stattfinden soll und keine Interna nach außen getragen werden dürfen. Des Weiteren empfehle ich, umgangssprachliche Begriffe aufzugreifen und Begrifflichkeiten einzuführen, die eine höhere sprachliche Sensibilität und Korrektheit aufweisen, wie z. B. „Penis“ statt „Schwanz“ oder „Vulva“ als der korrekte Begriff für das gesamte äußerlich sichtbare Genital, „Vagina“ oder „Scheide“ für den sich daran innen anschließenden Teil.
Die Geschichte von Jan und Julia, welche sich im zugehörigen Download befindet, kann als Einstieg der jeweiligen Unterrichtseinheit dienen. Hier wird eine idealisierte Beziehung zweier Jugendlicher erzählt. Weiterhin finden Sie im Download Lösungen zu ausgewählten Arbeitsblättern und Tafelbilder zur Menstruation.
Das Download-Material können Sie mithilfe des folgenden QR-Codes aufrufen:

*Passwort: Pubertaet_2024,
Download-Link: https://cloud.verlagruhr.de/lerninhalt/Duv3Nx43Ske5/

Vorwort

Generell habe ich versucht, die Kapitel und auch Arbeitsblätter und Übungen eigenständig zu halten, sodass einzelne Kapitel besprochen werden können. Dennoch empfehle ich, die Kapitel in der angebotenen Sequenz für eine umfangreiche Unterrichtseinheit abzuhalten. An dieser Stelle möchte ich auf das weitere Buch **Alles rund um die Sexualität. Liebe, Sex und Zärtlichkeit: Materialien zur Sexualpädagogik für Förderschulen und inklusiven Unterricht** (ISBN: 978-3-8346-6330-6) verweisen.
Zur schnelleren Unterrichtsvorbereitung hat jedes Kapitel Hintergrundinformationen, in denen Fakten und Erfahrungen, Abläufe und Tipps aufgeführt sind. Die Arbeitsblätter zu den jeweiligen Unterrichtseinheiten laden zur intensiven Auseinandersetzung ein und sind teilweise in verschiedene Niveaustufen differenziert.

Ich wünsche Ihnen viel Freude mit dem Buch und viel Offenheit, sich auf dieses schöne, lebensbegleitende Themenfeld einzulassen und den Austausch mit den Jugendlichen wie auch die Auseinandersetzung mit sich und vielleicht auch ihren Kolleg*innen zu suchen.

Ich wünsche Ihnen viel Spaß beim Lehren, Lernen und Hinterfragen!

Mit kollegialen Grüßen
Cathrin Ehlers

Zu meiner Person: Ich arbeite als Studienrätin im Förderschuldienst im inklusiven Setting und bin sehr angetan von dem Potenzial, welches die Schüler*innen zeigen, die im inklusiven Setting mit ausreichend pädagogischem Personal (Zweilehrer*innenprinzip) an einer Mittelschule unterrichtet werden. Schon seit meinem Studium setze ich mich intensiv mit den Themen „Erlebnispädagogik“, „Sexualerziehung“ und „Förderbedarf“ auseinander. Bereits 2006 veröffentlichte ich das Buch mit dem Titel „Sexualerziehung bei Jugendlichen mit körperlicher und geistiger Behinderung. Unterrichtsmaterialien“. Meine Herzenssache sind nicht nur die Begegnungen mit besonderen Menschen, sondern auch die Liebe zu meiner Tochter und meinem Partner. In meiner Praxis für Körperbehandlungen und systemische Beratung bin ich offen für Persönlichkeitsentwicklungen und begleite Menschen bei vielen Lebensfragen.

1

Biologisches Geschlecht, Geschlechtsidentität, sexuelle Orientierung

Biologisches Geschlecht und Geschlechtsidentität

Hintergrundinformationen

Um sein Geschlecht zu entwickeln, bedarf es unterschiedlicher Zugänge:

* **Biologisches Geschlecht:** Welche geschlechtsspezifischen Merkmale hat mein Körper?
* **Geschlechtsrollenverhalten und Geschlechtsausdruck:** Was wird innerhalb der Zeit und Gesellschaft, in der ich lebe, von (m)einem Geschlecht erwartet und was möchte ich leben? Was möchte ich von mir zeigen und wie möchte ich gesehen werden?
* **Sexuelle Orientierung:** Wen und wie liebe und begehre ich?
* **Geschlechtsidentität:** Welchem Geschlecht fühle ich mich angehörig, mit welchem Geschlecht identifiziere ich mich?

In der deutschen Sprache unterscheiden wir ein **biologisches Geschlecht** (englisch: „sex") und eine Geschlechtsidentität (englisch: „gender"). Das biologische Geschlecht wird bei der Geburt anhand der Geschlechtsteile bestimmt. Aus rein biologischer Sicht gibt es zwei (binäre) Geschlechter, nämlich Mann (mit XY-Chromosomen) und Frau (mit XX-Chromosomen). Als intersexuell werden Menschen bezeichnet, deren Chromosomensatz hiervon abweicht (z. B. X0 oder XXY) oder bei denen beispielsweise eine Hormonsensitivität vorliegt, wodurch sich die Geschlechtsmerkmale anders entwickeln.
Die Geschlechtsidentität ist das wirkliche, selbst empfundene Geschlecht eines Menschen. Sie kann mit dem biologischen Geschlecht übereinstimmen (cisgender) oder sich davon unterscheiden (transgender).

Momentan sind in Deutschland vier verschiedene Eintragungen des Geschlechts in die Geburtsurkunde möglich. Neben „männlich" und „weiblich" kann für intersexuelle Personen auch „divers" eingetragen oder der Eintrag offen gelassen werden. Dies ist jedoch nur für „Personen mit Varianten der Geschlechtsentwicklung" möglich, nicht für nichtbinäre oder transsexuelle Personen. Deutschland gehört mit der Einführung der Bezeichnung „divers" weltweit zu den wenigen Staaten, die andere als die Eintragungen „männlich" oder „weiblich" ermöglichen. Aus soziokultureller und individueller Sicht kann es jedoch nahezu unendlich viele Geschlechtsidentitäten geben.

Denn das Geschlecht kann sich sowohl auf einem Spektrum zwischen männlich und weiblich befinden, davon unabhängig, variabel oder auch gar nicht vorhanden sein. Wichtige Begriffe in dem Zusammenhang sind „nichtbinär" (der Begriff bezeichnet ein Geschlecht, das weder zu 100 % männlich noch zu 100 % weiblich ist, und wird zur Beschreibung der eigenen Identität, aber auch als Sammelbegriff verwendet), „agender" (keinem Geschlecht zugehörend) und „genderfluid" (dieser Begriff bezeichnet wechselnde Geschlechter).
In diesem Kapitel und den darin zu findenden Unterrichtsmaterialien und -ideen soll es in erster Linie um die Vermittlung eines toleranten Umgangs mit uns und unseren Mitmenschen gehen, ganz gleich, welches Geschlecht sie haben oder ob sie noch dabei sind, ihre Identität zu finden. Auch soll den Schüler*innen ein Verständnis für die Vielfältigkeit des Lebens aufgezeigt und ein Zutrauen in ihre Individualität vermittelt werden, das ihnen hilft, eine starke Persönlichkeit zu entwickeln.

Übersicht der Unterrichtsmaterialien

Einstieg

Begrüßungsspiel „Internationale Begrüßungsrituale"

Als Einstieg in die Unterrichtseinheit und Eisbrecher kann die nachfolgende Übung dienen. Zur Vorbereitung auf das Spiel müssen Stühle und Tische im Klassenraum zur Seite geräumt werden. Alle Schüler*innen laufen im Raum kreuz und quer durcheinander. Sie nehmen erst einmal nur sich selbst wahr und nehmen weder Blick- noch Körperkontakt zu ihren Mitschüler*innen auf. Im weiteren Verlauf des Spiels öffnen sie sich langsam für die ersten schüchternen Blicke und nehmen dann immer bewusster Blickkontakt zu ihren Klassenkamerad*innen auf. Der*die Lernbegleiter*in kann dann Anregungen geben, wie sich die Schüler*innen vielfältig begrüßen können:

- zwei (oder bis zu vier) angedeutete Küsschen auf die Wangen (z. B. in Spanien: 2, Portugal: 2, Ukraine: 3, Frankreich: 4)
- Hände vor dem Körper falten und sich (unterschiedlich tief) mit geradem Rücken verbeugen (in einigen asiatischen Ländern üblich)
- förmlicher, fester Handschlag (gängige Begrüßung in geschäftlichen Beziehungen oder unter Fremden in vielen Ländern, insbesondere in Europa)
- Stirn und Nase sanft aneinanderdrücken (traditioneller Gruß der Maori)
- freundschaftlicher Schlag auf die Schulter (vertrauter Gruß unter Freund*innen und guten Bekannten)
- Verbeugung auf Abstand und ohne Blickkontakt (wie in Japan üblich)
- Ellbogengruß (wie zu Pandemiezeiten)
- Daumen und kleinen Finger der geschlossenen Faust wegstrecken (internationaler Surfer-Gruß)

Die Zuordnung der Begrüßungsgesten zu Menschengruppen/Ländern dient im Rahmen der Übung in erster Linie der besseren Merkfähigkeit der Rituale und nicht einer Kategorisierung von Menschengruppen. Die Liste der Begrüßungen lässt sich beliebig erweitern und individuell ergänzen. Gerne können die Schüler*innen die Gesten mit sprachlichen Äußerungen oder auch Einbezug anderer Körperteile verbinden. Wie in Pandemiezeiten notwendig, können die Schüler*innen auch alternative Begrüßungsrituale erfinden. Meist kommt eine äußerst lustige Stimmung im Raum auf. Am Ende der Übung kann eine kurze Reflexion zu den Aspekten Körper- und Blickkontaktt sowie Nähe und Distanz in unterschiedlichen Settings erfolgen. Ebenso können Sie den Aspekt der „Fettnäpfchen" thematisieren: Was in einem Land als gutes Benehmen gilt, kann in anderen Ländern als grobe Beleidigung aufgefasst werden. Dies verdeutlicht die Unterschiedlichkeit unserer Wahrnehmung und die Bedeutung von kulturellen, sozialen und gesellschaftlichen Einflüssen auf unser Verhalten.

Arbeitsblätter zum Einstieg

- In Anknüpfung an die Übung „Stopp" (siehe unten) können unterschiedliche Begrüßungsrituale besprochen und durch persönliche Erfahrungen der Schüler*innen ergänzt werden. Verwenden Sie hierzu das AB 1.1 Begrüßungsrituale (→ S. 12) Der untere Teil des Arbeitsblattes dient der Differenzierung und kann bei Bedarf abgeschnitten oder vor dem Kopieren abgedeckt werden.
- Einen alternativen Einstieg ermöglicht der Lesetext AB 1.4 Wie aufgeklärt sind die Jugendlichen heute? (→ S. 18). Anhand des Textes können sich die Schüler*innen in (Vertrauens-)Gruppen ungezwungen über ihre Fragen unterhalten und diese vermerken. Ansonsten kann dieses Arbeitsblatt auch zu einem anderen Zeitpunkt eingesetzt werden.

Biologisches Geschlecht und Geschlechtsidentität

Übung „Stopp"

Um den Schüler*innen ein Gefühl für Nähe und Distanz in verschiedenen Begrüßungssituationen zu vermitteln, eignet sich die folgende Übung. Für diese Übung wird ausreichend viel Platz benötigt. Führen Sie sie auf dem Flur oder dem Schulhof durch. Die Schüler*innen bilden Paare (hilfreich ist es, wenn nicht unbedingt Freund*innen sich zu Paaren zusammenschließen). Jeweils zwei Schüler*innen stehen sich in einem Abstand von ungefähr 5 m zueinander in Gassenaufstellung gegenüber. Auf ein Kommando hin bewegen sich die Partner*innen der einen Seite langsam auf die gegenüberstehenden Schüler*innen zu, bis diese „Stopp!" rufen. Die „Stopp!" rufenden Schüler*innen achten hierbei auf ihre Befindlichkeit. Sie geben das Signal dann, wenn sie den immer geringer werdenden Abstand schließlich als unangenehm empfinden. Es ist auch sinnvoll, die Klasse aufzuteilen und zunächst eine Hälfte der Schülerschaft beobachten und resümieren zu lassen.
Generell wird in unserer Gesellschaft ein Abstand von ungefähr einer Armlänge als noch angenehm empfunden. Wenn sich Menschen fremd sind, fällt der Abstand größer aus, wenn sie sich gut kennen, kleiner. Am Ende der Übung kann eine Reflexion zum Aspekt Nähe und Distanz erfolgen. Ggf. können Sie auch die Erfahrungen der Schüler*innen aus Pandemiezeiten aufgreifen: Wie wurden die Abstandsregeln zu den Mitmenschen von den Schüler*innen empfunden?

Übung zur Sensibilisierung

Die folgende Übung kann vertiefend eingesetzt werden. Die Schüler*innen gehen paarweise – gerne als befreundete Paare – zusammen. Dabei schließt jeweils ein*e Partner*in die Augen. Der*die andere geht langsam mit anfangs gestreckten Armen und geöffneten Händen von hinten/vorn/der Seite/auf Höhe des Kopfes/auf Höhe der Beine auf die Person mit den geschlossenen Augen zu. Die Stelle sollte vorher abgesprochen werden (Konsens). Die Person mit geschlossenen Augen spürt nach und sagt, ab wann ihr die Berührung oder eben auch Noch-nicht-Berührung unangenehm wird. Die berührende Person hält inne und spürt selbst auch nach. Die Übungen können in der Gruppe reflektiert werden. Im Regelfall gilt: Je intensiver die Beziehung der Partner*innen, desto eher wird körperliche Nähe als angenehm empfunden.

Erarbeitung

Ein Schwerpunkt dieser Einheit liegt darin, den eigenen Körper wahrzunehmen. Die Schüler*innen erfahren, dass Menschen einander körperlich sehr ähnlich und dennoch sehr unterschiedlich sind. Zu den körperlichen Ähnlichkeiten zählen die nahezu gleiche Organanordnung, die Anordnung der Blutgefäße, der Knochen und Muskeln. Die körperlichen Unterschiede können zum einen vom Geschlecht (wie die Dicke der Haut, die Verteilung der Körpermaße und die Größe der Muskeln) und zum anderen vom Training, der genetischen Disposition, der Gesundheit und vielem mehr abhängen.

In einem freien Unterrichtsgespräch kann erarbeitet werden, in welchen Bereichen Unterschiede zwischen den Geschlechtern bestehen. Diese Unterschiede können körperlich sein (Geschlechtsorgane, Hormone, Gene etc. betreffend), aber auch die Identität, die Lebensumstände, Diskriminierungserfahrungen und viele weitere Lebensbereiche tangieren.

Zum Einstieg in eine Diskussion über Geschlecht und Zuschreibungen der Gesellschaft kann die folgende Übung durchgeführt werden.

Übung „Geschlecht ist vieles"

Material: 3 Überschriften auf Papierstreifen („biologisches Geschlecht", „Rollenbild" und „Geschlechtsidentität"), Moderationskarten und dicke Stifte für alle Schüler*innen

Die Schüler*innen sammeln in Kleingruppen Stichworte zu der Frage: „Was macht einen Mann/eine Frau aus?“ Je nach Leistungsstand der Klasse/der Gruppen können schon Hinweise/Kategorien, wie „Körperteile“, „Ideale“, „Kleidung“, eingebracht werden. Im Anschluss werden die Kärtchen geclustert (alle Körperteile zusammen, alle gesellschaftlichen Erwartungen zusammen etc.) und die (vorbereiteten) Überschriften ergänzt. Arbeiten sie mit den Schüler*innen heraus, dass „Geschlecht“ mehrere Bestandteile hat, nämlich das biologische Geschlecht (körperliche Merkmale), die Rollenerwartungen/den Geschlechtsausdruck, den die Gesellschaft von einem Mann/einer Frau erwartet, und die Geschlechtsidentität. Diskutieren Sie mit den Schüler*innen: Ist jeder Mann/ jede Frau gleich? (Hier kann z. B. auch bereits auf Transgenderpersonen verwiesen werden.) Wo gibt es Gemeinsamkeiten? „Muss“ man als Mann/als Frau z. B. den Rollenerwartungen entsprechen?
Zur Sicherung notieren die Schüler*innen zu jedem der Begriffe eine kurze Definition und schreiben jeweils einige Beispiele von den Moderationskarten ab.

Sicherung

Die Schüler*innen können zur Sicherung das AB 1.3 Männer und Frauen sind so? (➜ S. 16/17) ausfüllen. Die drei Abbildungen auf den Arbeitsblättern AB 1.2 a-c (➜ S. 13–15) dienen der Verdeutlichung der primären und sekundären Geschlechtsmerkmale bei einer rein biologischen Betrachtungsweise des Geschlechts. Die Unterschiede können gemeinsam im Plenum erarbeitet werden. Die Darstellungen können zur Verdeutlichung auch als Folien übereinandergelegt werden. In den folgenden Kapiteln wird noch genauer auf diese Abbildungen eingegangen.

Begrüßungsrituale

Je nach Beziehung begrüßen sich die Menschen bei uns unterschiedlich.

Aufgabe:
Welche Personengruppen begrüßen sich so? Schreibe die Art der Begrüßung und die Personengruppen auf.
Schreibe in grüner Farbe je eine Beispielperson dazu.

	.... Beispielperson: ....
	.... Beispielperson: ....
	.... Beispielperson: ....
	.... Beispielperson: ....
	.... Beispielperson: ....
	.... Beispielperson: ....
	.... Beispielperson: ....

- Sehr gute Freundinnen und Freunde umarmen sich herzlich.
- Fremde und Bekannte begrüßen sich höflich mit Handschlag.
- Verwandte, ältere Geschwister, Freundinnen und Freunde berühren sich vertraut an der Schulter.
- Kumpels, Freundinnen und Freunde haben oft ganz eigene Begrüßungsrituale.
- Entfernte Bekannte sagen sich auf Abstand locker „Hallo".
- Freundinnen, Freunde und gute Bekannte geben sich Küsschen auf die Wangen.
- Liebende küssen sich auf den Mund und umarmen sich leidenschaftlich.

Name .... Datum .... AB 2a

Biologisches Geschlecht: der Körperbau

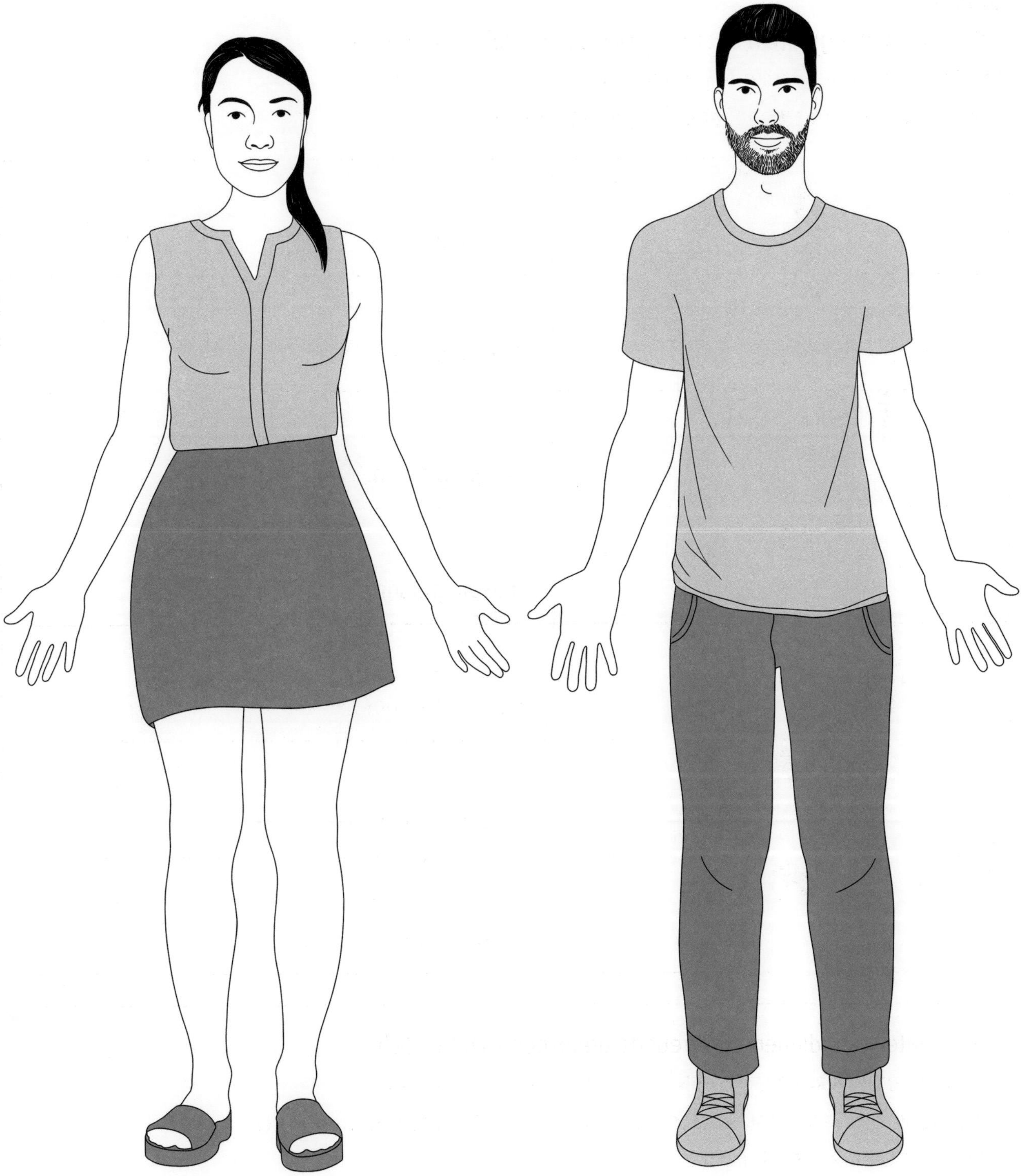

Biologisches Geschlecht: die äußeren Geschlechtsorgane

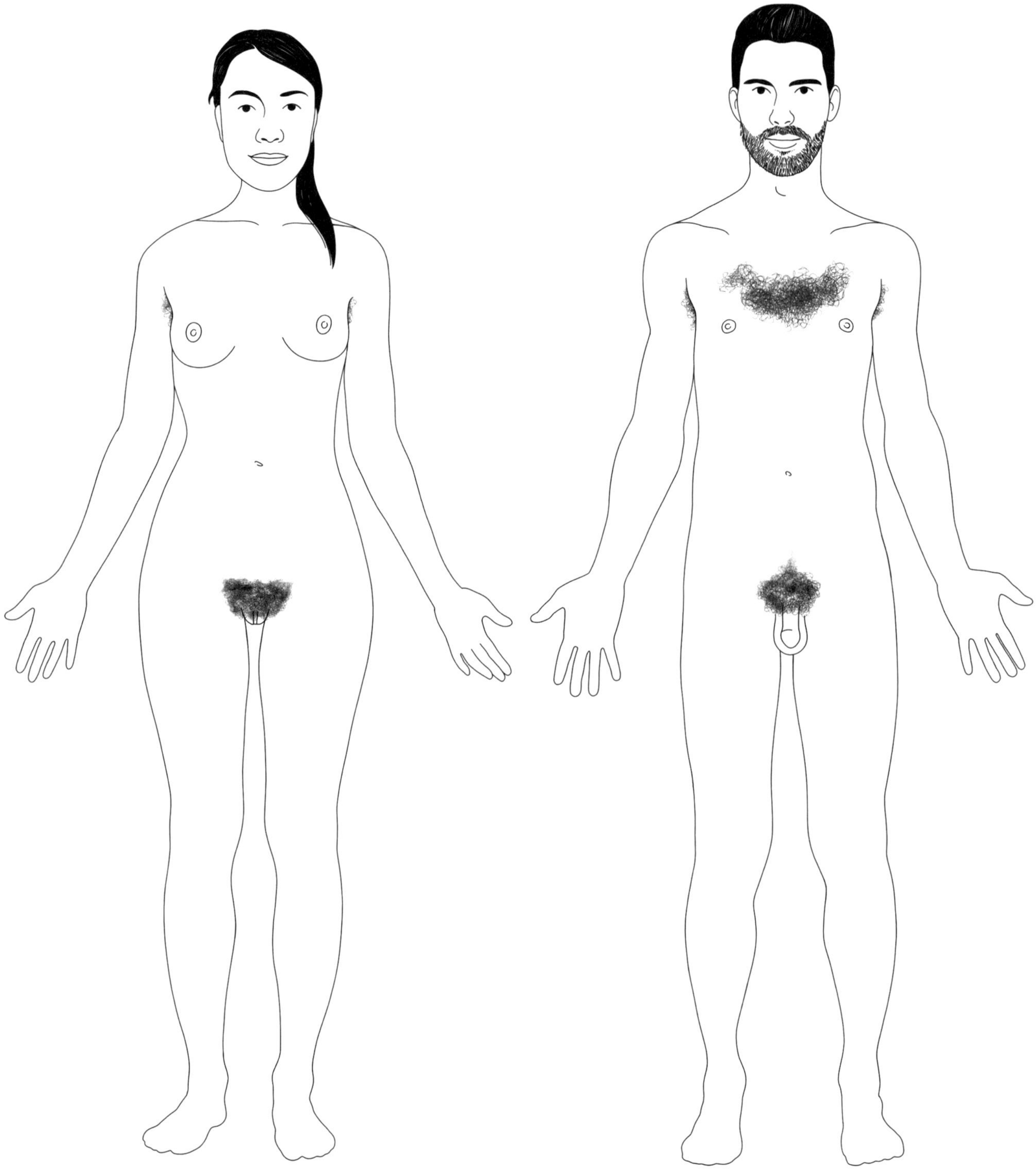

Name .... Datum .... AB 2c

Biologisches Geschlecht: die inneren Geschlechtsorgane

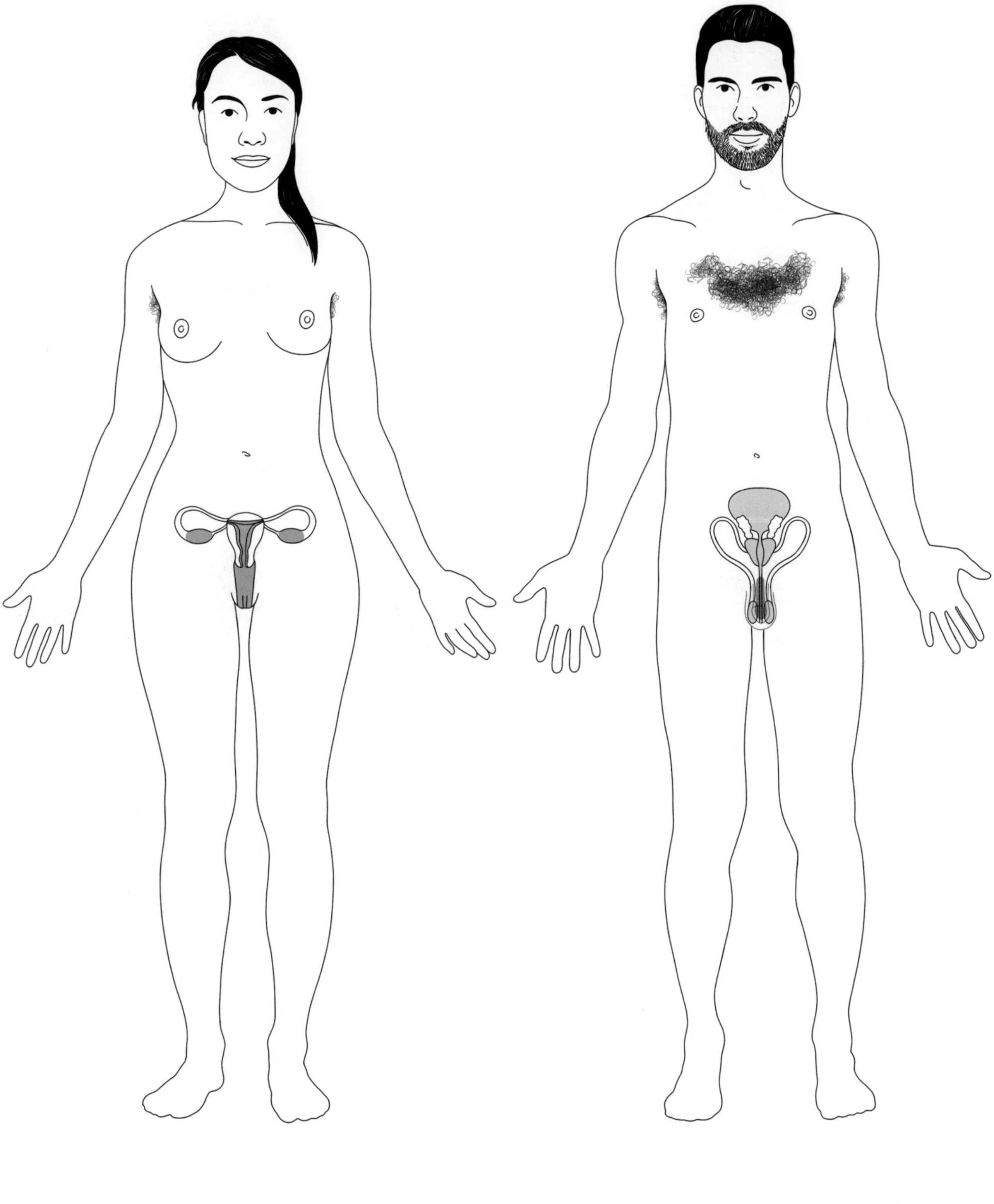

Name .... Datum .... **AB 3**

1

Männer und Frauen sind so? (1/2)

Oft hört man: „Das ist doch was für Mädchen!“ oder „Das machen doch nur Jungs!“. Kennst du auch solche Vorurteile?

Aufgabe:
Male die Vorurteile über Männer rot und die Vorurteile über Frauen grün aus.
Suche dir vier der Vorurteile aus, die du widerlegen kannst.
Vielleicht kennst du ja Personen, die dem Vorurteil widersprechen?

Beispiel: Das Vorurteil sagt, dass Handwerksberufe nur etwas für Männer sind. Aber du kennst eine Frau, die als Elektrikerin arbeitet. Das Vorurteil kann also nicht stimmen!

- gehen gerne shoppen
- sorgen für den Unterhalt der Familie
- gehen ins Fußballstadion
- achten auf ihr Äußeres
- achten auf ihr Gewicht
- kümmern sich um die Familie
- haben starke Muskeln
- gehen ins Theater
- sind sportlich
- haben eine Nase
- sind einfühlsam
- sind belastbar
- dekorieren gerne
- machen den Haushalt
- spülen Geschirr ab
- gehen ins Café
- kochen für die Familie
- arbeiten in pflegerischen Berufen
- arbeiten körperlich schwer
- benutzen Kosmetik
- kaufen ungern Kleidung
- sind romantisch
- gehen Handwerksberufen nach
- sind tierlieb
- lesen gerne

Name .... Datum .... AB 3

Männer und Frauen sind so? (2/2)

- sind ehrgeizig
- kennen sich mit technischen Dingen aus
- tragen Röcke
- schauen Pornos
- essen gerne Süßes
- sind klein
- mögen Alkohol
- machen Handarbeiten, wie z. B. Nähen
- küssen gerne
- kuscheln gerne
- tragen kurze Haare
- spielen Fußball
- rauchen
- kennen sich mit handwerklichen Dingen aus
- schlafen gerne aus
- machen Diäten
- sind handwerklich begabt
- tratschen gerne
- gehen ins Kino
- tragen Hüte
- machen Yoga
- achten auf ihr Aussehen
- kennen sich mit PCs aus
- interessieren sich für Mode
- haben Geschlechtslippen
- lieben Autos
- frieren schnell
- interessieren sich für Kampfsport
- sind groß
- tanzen gerne
- telefonieren gerne
- machen Selbstbefriedigung

Wie aufgeklärt sind die Jugendlichen heute?

Erwachsen werden kann ganz schön anstrengend sein. Auf einmal verändert sich der Körper, die Gefühle spielen verrückt und manche Person im Freundes- oder Bekanntenkreis wird plötzlich mit völlig anderen Augen gesehen. Das ist auch der Moment, der für Eltern meist recht überraschend kommt, und sie glauben, ihr Kind, das gestern noch so klein war, nicht mehr wiederzuerkennen. Die Aufklärung der Kinder und Jugendlichen über Sexualität ist auch heute noch ein besonderes Thema. Es herrscht viel Voreingenommenheit, Scham und Unwissenheit. Gleichzeitig ist alles aufregend, spannend und interessant. Sexualität betrifft uns alle. Denn bei ihr geht es direkt um uns als Individuen. Sexualität gehört zum Leben aller Menschen dazu und begleitet uns unser ganzes Leben lang. In welcher Form auch immer.

Viele Jugendliche nehmen von sich an, ausreichend aufgeklärt zu sein und durch Internet, Zeitschriften, Fernsehen und Freundeskreis bereits alles erfahren zu haben, was sie über Sexualität wissen sollten. Manche Expertinnen und Experten meinen jedoch, dass die Sexualaufklärung heutzutage immer noch häufig zu spät oder nur spärlich stattfindet.

„Jugendliche sollten wissen, dass Sexualität ein Thema jedes Alters ist, vom Kleinkind bis hin zum hohen Alter. Sie hört nicht mit einem bestimmten Alter auf. Sexualität verändert sich in sämtlichen Lebensphasen und bleibt spannend. Es ist wichtig, über dieses Thema und über die körperlichen und seelischen Vorgänge gut informiert zu sein."

Viele Jugendliche glauben, dass das, was sie im Internet, in Fernsehserien oder Filmen, wie zum Beispiel Pornofilmen, sehen, die Normalität ist. Wie es aber im wirklichen Leben läuft, erfahren sie meist gar nicht oder erst dann, wenn sie es selbst erleben. Darum ist es wichtig, dass in Schulen, Jugendzentren oder anderen Einrichtungen für junge Menschen Aufklärung betrieben wird.

Aufgabe:

* Welche Fragen hast du zur Sexualität? Unterhaltet euch in Gruppen über das Thema.
* Schreibt eure Fragen auf.

Geschlechtsrollenverhalten und Rollenbilder

1

Hintergrundinformationen

Der Begriff der Geschlechtsrolle umfasst alle kulturell erwarteten, dem jeweiligen Geschlecht zugeschriebenen Fähigkeiten, Einstellungen, Interessen und Verhaltensweisen. Rollenerwartungen sind zeit- und kulturabhängig und werden z. B. durch die Werte und die sozioökonomischen Bedingungen einer Gesellschaft beeinflusst. Sie sind somit wandelbar. Die Entwicklung eines eigenen Geschlechtsausdrucks und die Auseinandersetzung mit den Geschlechtsrollenerwartungen der Gesellschaft sind Teil der Sozialisierung. An einigen Stellen wird jeder Mensch den von der Gesellschaft erwarteten Geschlechterrollen entsprechen, an anderen aber auch davon abweichen oder ihnen widersprechen.Im Folgenden Teil soll herausgearbeitet werden, dass zwar typische Rollenbilder und Rollenzuschreibungen existieren, dass das jedoch nicht bedeutet, dass wir diese erfüllen müssen. Jede*r darf seine*ihre Individualität leben. Die Schüler*innen sollen im Verlauf der Sequenz angehalten werden, vermeintlich gängige Rollenbilder zu hinterfragen und die Vielfalt und Eigenheiten zuzulassen.

Übersicht der Unterrichtsmaterialien

* MA 1.5 Karten „Typ-isch" (→ S. 20–23)
* zusätzliches Material: ein breites Plakat (z. B. ein Tapetenstück) mit „typisch männlich" und „typisch weiblich" als äußere Pole, ggf. mit einer Skala dazwischen; kleine Zettel für handschriftliche Einträge der Schüler*innen, z. B. Karteikarten

Einstieg

Die Schüler*innen setzen sich mit den familiär und gesellschaftlich zugeschriebenen Rollenbildern auseinander. Das Kartenset MA 1.5„Typ- isch" (→ S. 20–23) kann hier eine Hilfe sein, um sein eigenes Rollenverständnis zunächst wahrzunehmen und im Anschluss andere Rollenbilder zu erkennen. Hilfreich ist es, das Kartenset doppelt zu kopieren, sodass die Schüler*innen die Kärtchen – ergänzt um eigene Aussagen auf Zettelchen – später auf vorbereitete Plakate kleben können.

Diskussion „Typisch weiblich – typisch männlich?"

Folgende Übung bietet sich als offenes Unterrichtsgespräch, evtl. auch in Kleingruppen gut an. Jede*r Schüler*in darf sich überlegen, was aus ihrer*seiner Sicht typisch weibliche oder männliche Eigenschaften und Tätigkeiten sind, und diese auf Kärtchen notieren. Eine rege Diskussion danach ist erwünscht. Da in unserer binärnormativen Gesellschaft fast nur Rollenklischees für Männer und Frauen existieren, werden weitere Geschlechtsidentitäten hier vorerst nicht berücksichtigt.

Erarbeitung

Plakatarbeit „Typ-isch"

Im Anschluss an die Diskussion wird unter Einbezug der MA 1.5 „Typ-isch" (→ S. 20–23) und der von den Schüler*innen auf Karteikarten notierten Aussagen ein Plakat befüllt. Das Plakat mit den beiden Polen „typisch männlich" und „typisch weiblich" wird mit Aussagen, Interessensgebieten und Tätigkeiten, die gemäß den Rollenzuschreibungen in unserer Gesellschaft als typisch männlich und typisch weiblich gelten bzw. beiden Geschlechtern zugeordnet werden, bestückt. Die Schüler*innen diskutieren dabei, an welcher Stelle sie bestimmte Kärtchen/Aussagen einordnen würden. Karten, denen sie kein Geschlecht bzw. beide Geschlechter zuordnen würden, werden in die Mitte gehängt. „Geschlecht" wird hier einerseits als Kontinuum gezeigt. Gleichzeitig wird deutlich, wie unterschiedlich die Vorstellungen von Geschlechterrollen sein können und wie oft eine eindeutige Zuordnung gar nicht möglich ist. Um das zu betonen, sollte sich an die Plakatarbeit eine Reflexion anschließen, in der darauf eingegangen wird.

Karten „Typ-isch" (1/4)

sind romantisch	achten auf ihr Äußeres	können Hilfe annehmen
gehen miteinander essen	lieben Autos und kennen Automarken	haben mehr Schuldgefühle
gehen ins Kino	tanzen gerne	spielen Fußball
reden	shoppen gerne	reiten gerne
sind zickig	erziehen Kinder	lassen sich Fett absaugen
trinken Alkohol auf Partys	mögen Alkohol	gehen gerne auf Partys
nehmen Drogen	wollen cool sein	sind gefühlvoll

Karten „Typ-isch" (2/4)

bevorzugen „Öko-Essen"	wollen stark sein	haben lange Haare
ernähren sich vegetarisch	hören Rap	hören Pop-Musik
lassen Schönheitsoperationen machen	gehen ins Theater	lesen Bücher
küssen gerne	können Gefühle zeigen	sind abhängig vom Gruppenzwang
streicheln gerne	mögen Kochrezepte	kochen gerne
gehen miteinander	mögen Klettern	mögen Eishockey
lesen Zeitschriften	schauen gerne fern	schauen sich gerne Serien an

Karten „Typ-isch" (3/4)

treffen Freunde/ Freundinnen	sind bei der freiwilligen Feuerwehr	gehen einkaufen
machen Yoga	kümmern sich um die Haustiere	gehen arbeiten
flirten gerne	fahren Bagger	rauchen Pfeife
gehen ins Kino	massieren gerne	mögen die Sportart Boxen
saugen Staub	werden gerne massiert	gehen ins Fußballstadion
tragen Hosen	tragen Anzüge	tragen Kleider
tragen Käppis	mögen Thriller	schreiben Liebesbriefe

Karten „Typ-isch“ (4/4)

tragen BHs	sind mutig	können mit Werkzeugen umgehen
mögen Liebesfilme	rauchen gerne	trinken Kaffee
wollen schlank sein	machen den Haushalt	kümmern sich um die Kinder
stricken gerne	tragen Röcke	schlafen miteinander
nähen gerne	tragen Hüte	trinken Bier
kuscheln gerne	schreiben Liebesgedichte	trinken Wein
tragen Handtaschen	sind kämpferisch	interessieren sich für Technik

Sexuelle Orientierung, Geschlechtsidentität und Coming-out

Hintergrundinformationen

Sexuelle Orientierung und Geschlechtsidentität und sind zwei separate Konzepte, die oft miteinander verwechselt werden. Die sexuelle Orientierung beschreibt, zu welchen Menschen welchen Geschlechts/welcher Geschlechter man sich romantisch oder sexuell hingezogen fühlt. Die sexuelle Orientierung ist also auf andere Personen gerichtet. Die Geschlechtsidentität hingegen bezieht sich auf das eigene Geschlecht bzw. die eigenen Geschlechter. Geschlechtsidentität meint also das Empfinden und Erleben einer Person bezüglich ihrer eigenen Geschlechtszugehörigkeit. Es geht um die gefühlte und erlebte Zugehörigkeit zu einem oder auch zu mehreren Geschlechtern.

Der Begriff „nichtbinär" bezieht sich auf eine Vielzahl von Geschlechtsidentitäten, die über die Kategorien „männlich" und „weiblich" hinausgehen (siehe auch ➜ S. 18). Die Anerkennung und Akzeptanz vielfältiger Geschlechtsidentitäten ist ein wichtiges Ziel der LGBTQIA+-Bewegung und ein Schritt zur Förderung der Geschlechtergerechtigkeit und Verhinderung von Diskriminierung.

Seit dem 1.10.2017 gilt in Deutschland das im alltäglichen Sprachgebrauch „Ehe für alle" genannte Recht. Gemeint ist das Recht auf Eheschließung für Personen gleichen Geschlechts. Dieses Recht ermöglicht es homosexuellen Paaren, standesamtlich zu heiraten und weitere Rechte, die mit einer Eheschließung einhergehen, in Anspruch zu nehmen, wie z. B. Kinder zu adoptieren oder im Sterbefall erbberechtigt zu sein. Vor dieser Gesetzesänderung war die gleichgeschlechtliche Ehe in Deutschland rechtswidrig. Homosexuelle Paare konnten bis dahin nur eine Lebenspartnerschaft eintragen lassen.

Schätzungen gehen davon aus, dass zwischen 2 % und 10 % der Bevölkerung in Deutschland homo- oder bisexuell sind. *(Information nach: BzgA Liebesleben, Sexuelle Vielfalt und Coming Out, 2018, S. 6)*

Laut einer Studie der BZgA findet die sexuelle Orientierung von Mädchen und Jungen mit Beeinträchtigungen wenig Beachtung. Es fehlen insgesamt Informationen. Für Schwule und Lesben mit Behinderung gibt es kaum unterstützende Konzepte und Maßnahmen. Jedoch sind Menschen mit Beeinträchtigungen, die homo-/bisexuell sind, gleichzeitig tendenziell stärker Diskriminierungen ausgesetzt, als dies bei homo-/bisexuellen Menschen ohne Beeinträchtigung der Fall ist. *(vgl. BZgA Konzept „Sexualaufklärung von Menschen mit Beeinträchtigung; 2015, S. 14)*

Außerdem ist bekannt, dass neurodiverse Menschen (z. B. Menschen mit ADHS oder Autismus) deutlich häufiger queer sind als der Durchschnitt der Bevölkerung. *(vgl. https://ourbodies.at/neurodiversitaet-existiert/)*

Die sexuelle Orientierung ist keine Frage der Erziehung. Man kann weder hierzu verführt werden noch handelt es sich dabei um eine Störung.

Unser gesellschaftlicher Auftrag liegt darin, die Themen und Aspekte rund um Sexualität und sexuelle Orientierung wertneutral zu besprechen und diese Haltung auch bei den Jugendlichen zu fördern.
Im Rahmen der Unterrichtseinheit sollen die Schüler*innen erfahren, dass es um Vielfalt, Toleranz und das ganze breite und bunte Spektrum des Lebens geht. Die Unvoreingenommenheit eines jeden Menschen ermöglicht uns allen, diese Vielfalt zu leben und ein Teil von ihr zu sein. Gleichzeitig sollten die Schüler*innen für die Wahrnehmung ihrer sexuellen Orientierung, ihrer Geschlechtsidentität und ihrer Vorlieben sensibilisiert werden.

Die Schüler*innen erleben in dem Zusammenhang, dass

* sich sehr viele Menschen irgendwann im Verlauf ihres Lebens zu ihrem eigenen Geschlecht hingezogen fühlen.
* dies völlig normal ist und bei vielen zur sexuellen Entwicklung dazugehört.
* einzelne Erfahrungen nicht zwangsläufig die sexuelle Orientierung bestimmen, aber helfen können, diese für sich selbst zu entdecken und herauszufinden.

Übersicht der Unterrichtsmaterialien

* Fotos unterschiedlicher Paare (im zugehörigen Download verfügbar)
* MA 1.6 Meditation (→ S. 28)
* AB 1.7 Ich – meine Identität (→ S. 29)
* ggf. ein Film zum Thema (z. B. „LGBTQI* – [k]ein Problem mit sexueller Vielfalt?", ARD Alpha)
* verschiedene Prospekte, Zeitschriften, Zeitungen, Fotokarton/Plakatpapier, Kleber, Schere, Stifte
* AB 1.8 Sexuelle Orientierung: homo-, hetero- und bisexuell (→ S. 30)
* AB 1.9 Geschlechtsidentität (→ S. 31)
* AB 1.10 Sexuelle Orientierung und Geschlechtsidentität (→ S. 32)
* AB 1.11 Coming-out (→ S. 33)

Einstieg

Präsentieren Sie den Schüler*innen Fotos von unterschiedlichen Paaren als stummen Impuls. (Diese finden Sie im zugehörigen Download.) Die Schüler*innen äußern sich zu den Fotos frei und berichten, welches Vorwissen sie zu den dargestellten Aspekten haben. Die Fotos zeigen unterschiedliche queere Paare und Familien und spielen unter anderem auf die Aspekte Ehe für alle, Elternschaft von gleichgeschlechtlichen Paaren und transsexuellen Personen in Beziehungen an.
Über die Fotos wird eine Annäherung an die Themen „Geschlechtsidentität" und „sexuelle Orientierung" angebahnt.

Erarbeitung

Wer bin ich? Was macht mich aus? Das mögen zwei der schwierigsten Fragen des Lebens sein und sie werden je nach Lebensphase auch immer wieder neu beantwortet. Im Folgenden überlegen sich Schüler*innen, was sie zu dem macht, was sie sind; was sie in ihrem Sosein und ihrer Individualität ausmacht. Es geht um die Selbstwahrnehmung.

Meditation

In Form einer offenen Meditation (→ S. 28) werden die Schüler*innen angeleitet, sich selbst gegenüberzustehen und aus dem Gegenüber zu sich zu sprechen.

Aufgabe „Was macht mich aus?"

Eine andere Möglichkeit, Zugang zum Ich zu finden und den Blick auf positive Eigenschaften und Stärken zu lenken, besteht darin, in Partnerarbeit mit einer engen und vertrauten Person, den Eltern oder einem*einer guten Freund*in zu reflektieren, wie die Jugendlichen sich selbst sehen und wie sie wahrgenommen werden. Mögliche Satzanfänge könnten hier sein: *„Ich mag mich, weil …"*. *„Ich genieße in meinem Leben, dass …"*, *„Einzigartig macht mich …"*, *„Ich fühle mich mit mir selbst wohl, weil …"* Außerdem können sich die Schüler*innen über folgende Themenbereiche Gedanken machenwie z. B. „Das mag ich an mir", „Das mag ich an meinem Aussehen am liebsten", „Das kann ich besonders gut im Umgang mit anderen", „Das macht mich einmalig".

AB 1.7 Ich – meine Identität (→ S. 29) bietet dazu eine Strukturierungshilfe. Alternativ können die Schüler*innen auch ein eigenes Blatt mit diesen oder ähnlichen Aspekten gestalten: „Mein Aussehen", „Mein Auftreten", „Meine Gefühle", „Meine (sexuellen) Vorlieben", „Meine Lebenswünsche", „Was macht mich besonders?", „Welche Charaktereigenschaft mag ich besonders an mir?".

Sexuelle Orientierung, Geschlechtsidentität und Coming-out

Da es sich um ganz persönliche Dinge handelt, sollte das ausgefüllte Arbeitsblatt AB 1.7 Ich – meine Identität (→ S. 29) bei den Schüler*innen verbleiben und nicht ausgestellt/aufgehängt werden. Sollten die Schüler*innen ein eigenes Blatt mit sexuellen Vorlieben, Auftreten etc. gestalten, muss dieses unbedingt bei den Jugendlichen verbleiben. Es geht darum, sich selbst der eigenen Person bewusst zu werden, und nicht darum, sich mit anderen zu vergleichen oder sich der Bewertung durch andere zu stellen.

Übung „Warme Dusche"

Einen ergänzenden Zugang zu positiven Eigenschaften der Schüler*innen ermöglicht die Übung „Warme Dusche". Sie kann aufbauend zu AB 1.7 Ich – meine Identität (→ S. 29) durchgeführt werden. Um die Übung zu intensivieren und Fremd- und Eigenwahrnehmung zu verbinden, können die Schüler*innen vor der „Warmen Dusche" ihre Eigensicht aufschreiben und diese nach der Übung mit dem Fremdbild „anreichern". Beim Aufbau unseres Selbstbildes beziehen wir immer auch die Rückmeldung unserer Mitmenschen ein. Erleben wir wenig Akzeptanz und positive Bestärkung, nagt das am Selbstbild und das Selbstbewusstsein leidet. Mit der Übung „Warme Dusche" kann der Blick auf die positiven Eigenschaften gelenkt werden. Die Schüler*innen lernen, diese bewusst bei den Mitmenschen wahrzunehmen, anstatt sich über vermeintlich problematische Eigenschaften aufzuregen. Während der Übung sitzt ein*e Schüler*in in der Mitte eines Stuhlkreises. Die Mitschüler*innen im Kreis nennen reihum ausschließlich Dinge, die sie an der*dem Schüler*in mögen. Der*die Lernbegleiter*in kann sich ebenfalls einbringen.

Wahrnehmungsübung „Wie viele Hände ...?"

Diese Übung erfordert etwas Platz und einen sauberen Untergrund (ggf. eine Yoga-Matte oder Picknick-Decke). Ein*e Schüler*in legt sich auf den Boden (idealerweise auf den Bauch) und schließt die Augen. Die anderen Schüler*innen legen eine oder beide Hände auf den Körper. Der*die Schüler*in auf dem Boden hat die Aufgabe, zu erraten, wie viele Hände sich auf ihm*ihr befinden. Es ist wichtig, vorher zu besprechen, an welchen Körperstellen und mit welcher Intensität der*die auf dem Boden liegende Schüler*in berührt werden möchte. Selbstverständlich ist diese Übung freiwillig und sollte nur bei absolut vertrauensvoller Gruppenatmosphäre durchgeführt werden. Je nach Gruppengröße muss die Anzahl der berührenden Schüler*innen begrenzt werden. Eine Reflexion zur Wahrnehmung der Situation bietet sich an. Ebenso kann ein Bogen zum Thema „Distanz und Nähe" (siehe auch Übung „Stopp" → S. 9) geschlagen und der Aspekt „Grenzen" thematisiert werden. Dazu bietet sich die Übung besonders an.

Erarbeitung der Themen „sexuelle Orientierung" und „Geschlechtsidentität"

In einem Unterrichtsgespräch wird die sexuelle Vielfalt auf der Grundlage von Vorerfahrungen und Vorwissen der Schüler*innen besprochen. Wählen Sie ggf. einen geeigneten Film aus, um das Vorwissen der Schüler*innen richtig einzuordnen und mit Fakten zu untermauern, z. B. „LGBTQI* – (k)ein Problem mit sexueller Vielfalt?" (ARD Alpha). Im Internet finden Sie zahlreiche weitere Filme, die sich mit den Themen „sexuelle Orientierung" und „Geschlechtsidentität" befassen und die Begrifflichkeiten zuordnen.

Anschließend können die Schüler*innen aus mitgebrachten Prospekten, Zeitschriften und Zeitungen Bilder zur sexuellen Vielfalt heraussuchen und in Kleingruppen Collagen zu dem Thema gestalten.

Alternativ oder ergänzend können die Schüler*innen in Kleingruppen einige der Formen sexueller Orientierung intensiver erarbeiten und jeweils ein Schaubild oder eine Präsentation erstellen.

Sicherung

Anschließend bearbeiten die Schüler*innen die AB 1.8 Sexuelle Orientierung: homo-, hetero- und bisexuell (→ S. 30), AB 1.9 Geschlechtsidentität (→ S. 31) und AB 1.10 Sexuelle Orientierung und Geschlechtsidentität (→ S. 32).

Erarbeitung des Themas „Coming-out“

Zu Beginn kann der Begriff übersetzt werden und die Schüler*innen erzählen in einem Unterrichtsgespräch, was sie dazu schon wissen. Mögliche Reaktionen auf ein Coming-out können anschließend in einem szenischen Spiel nachempfunden werden. Hierzu dürfen sich die Schüler*innen in Kleingruppen eigene Szenen überlegen. Schön wäre es, wenn die Reaktionen der Personen unterschiedlich ausfallen würden. Die Reaktionen müssen dann in der Gruppe reflektiert werden, z. B.: *„Wie geht es einer Person, die ein Coming-Out hatte und auf Ablehnung gestoßen ist?“* Da sich die Schüler*innen noch in der Identitätsfindung befinden, ist es sinnvoll, dass sie in eine Rolle schlüpfen, aus der heraus sie von einer dritten Person erzählen.

Einige Beispiele für das szenische Spiel:

1) Cinar bekommt eine Nachricht von seinem besten Freund Jason.
Jason: *„Hey, ich muss dir was erzählen. Aber nicht lachen oder so!“*
Cinar: *„Was denn?“*
Jason: *„Weiß nicht ... also ... ich glaub, ich bin schwul.“*
Cinar: *„Laber nicht! Willst du mich verarschen?“*
Jason: *„Ne, echt!“*
Cinar weiß nicht, was er jetzt schreiben soll ...

2) Fatima trifft ihre Freundin Emilie in der Stadt. Diese sieht traurig aus.
Fatima: *„Hey, was ist los? Du siehst voll fertig aus!“*
Emilie: *„Ach, nichts, verstehst du eh nicht.“*
Fatima: *„Erzähl!“*
Emilie: *„Ina hat Schluss gemacht! Dabei hat sie vorgestern noch gesagt, dass alles okay ist!“*
Fatima: *„Warte, wer ist Ina?“*
Emilie: *„Meine Freundin ... Wir waren seit sechs Wochen zusammen ... Hab ich, glaub ich, gar nicht erzählt, weil ich nicht wusste, was du dazu sagen würdest. Aber jetzt ist ja eh alles egal ...“*
Was würdest du jetzt an Fatimas Stelle sagen?

3) Als Kaya geboren wurde, dachten alle, dass sie ein Junge ist. Ihre Eltern haben ihr daher den Namen Kay gegeben. Aber Kaya ist schon länger klar, dass das falsch ist. Sie ist ein Mädchen. In ihrer neuen Schule möchte sie deswegen auch mit dem Namen Kaya angesprochen werden und überlegt, wie sie das der neuen Klasse erklären kann. Sie hat auch Angst davor, wie die anderen reagieren. Was würdest du an Kayas Stelle der neuen Klasse sagen? Wie würdest du als Mitschüler*in reagieren?

Sicherung

Zur Sicherung kann das AB 1.11 Coming-out (→ S. 33) bearbeitet werden.

Abschlussübung: Beobachten und Bewerten

Für diese Übung sollte sich ein*e Schüler*in zur Verfügung stellen, der*die von der Gruppe gut akzeptiert wird. Die Teilnahme ist freiwillig. Der*die Schüler*in setzt sich vor die Gruppe und wird von allen Mitschüler*innen beobachtet. Jede*r Mitschüler*in soll seine* ihre Beobachtungen zu dem*der Mitschüler*in in der Mitte frei äußern. Die Lehrkraft notiert verdeckt in zwei Spalten, welche Aussagen der Mitschüler*innen tatsächlich Beobachtungen sind und welche Aussagen Bewertungen enthalten.

Zum Schluss der Übung darf sich der*die Jugendliche aus der Mitte äußern, wie es ihm*ihr in dieser Situation ergangen ist.

Gemeinsam wird dann reflektiert. Sehr wahrscheinlich stellt sich bei dieser Übung heraus, dass viele Menschen, statt ausschließlich zu beobachten, bewerten. Bewertungen sind individuell geprägt und können starke Emotionen auslösen oder werden auch aufgrund einer Emotionslage geäußert.

Gemeinsam mit den Schüler*innen kann dann der Transfer zum Thema „Sexuelle Vielfalt“ bzw. „Coming-out“ erarbeitet werden: Wie verhalten sich die Jugendlichen gegenüber Menschen, die heterosexuell, transsexuell ... sind? Gelingt es ihnen, in der Beobachterrolle zu bleiben, oder bewerten sie auch? Woran liegt es, dass Bewertungen in die Beobachtungen einfließen, und wie lässt sich dies vermeiden?

Meditation

„Lege deine Arme auf den Tisch und deinen Kopf darauf und mache es dir bequem. (Pause)

Schließe die Augen und komme ganz im Raum an. (Pause)

Spüre deine Füße auf dem Boden. Achte auf deinen Atem, wie er durch deine Nase in deinen Körper dringt. (Pause)

Vielleicht kannst du spüren, wie sich der Atem anwärmt und wie du ihn in den Lungen aufnimmst und wieder durch die Nase abgibst, bevor du wieder einatmest. (Pause)

Mache dir deinen Atem bewusst. (Pause)

Halte ihn nicht fest, sondern lasse ihn fließen. (Pause)

Atme ein und atme aus. (Pause)

Vielleicht fällt dir die Lücke, die kurzen Atempausen zwischen dem Ein- und Ausatmen auf.
Mache dir diese Pausen bewusst. Wenn du die Pausen nicht wahrnimmst, ist das auch gut. (Pause)

Nun gehe in Gedanken zu deinen Füßen. (Pause)

Spüre, wie sie den Boden berühren. (Pause)

Schaue dir deine Füße in Gedanken an. Wie sehen deinen Zehen aus? Was ist besonders an deinen Füßen? (Pause)

Wandere dann in Gedanken zu deinen Unterschenkeln. (Pause)

Wie sehen die Unterschenkel aus? Was gefällt dir an deinen Unterschenkeln? (Pause)

(Wiederholung mit weiteren Körperteilen) ... zu den Knien ... zu den Oberschenkeln ... zum Bauch ... zu deiner Brust ... zu deinen Armen ... zu deinen Händen ... zu deinem Gesäß ... zu deinem Rücken ... zu deinem Nacken ... zu deinem Hals ... zu deinem Gesicht ... deinen Lippen ... deinen Wangen ... deiner Nase ... deinen Ohren ... deinen Augen ... deinem Haar ...

Schaue dich liebevoll an. (Pause)

Nimm wahr, was dir an dir gefällt, und nimm dir die Freiheit, dir in allem zu gefallen. (Pause)

Es geht hier nicht um die Bilder anderer, wie sie dich sehen. Es geht einzig allein um dich, wie du dich wahrnimmst. (Pause)

Kannst du dein inneres Licht sehen, deine Liebe zu dir selbst spüren? Auch wenn es nur ein kleiner Funke ist, es ist dein Funke, den du spüren darfst, den du ausweiten kannt, um dein inneres Licht, deine Selbstliebe zu erfahren. (Pause)

*Vielleicht möchtest du in Gedanken dir selbst begegnen als dein beste*r Freund*in, dem*der du alles anvertrauen kannst und der*die dir stets wohlwollend zur Seite steht. Was würde diese*r Freund*in dir sagen? Was gefällt ihr/ihm besonders an dir? (Pause)*

*Würdest du dich trauen, ihr*ihm zu sagen, wenn du verliebt wärest und auch in wen? Wie würde er*sie reagieren? (Pause)*

Traue dich, im Stillen ein inneres Gespräch zu führen und zu spüren, wie es dir dabei geht, dich ganz im Vertrauen zu zeigen. Falls es dir nicht gelingt, in ein inneres Gespräch zu kommen, dann tauchen eventuell Bilder vor deinem inneren Auge auf oder spüre einfach dich selbst. (Pause)

Genieße noch deine Zeit mit dir und nimm dann langsam deinen Atem wieder wahr. Atme bewusst ein und aus. Nimm deine Füße auf dem Boden wieder bewusst wahr, reibe die Fußsohlen auf dem Boden und komm so langsam wieder im Hier und Jetzt an. (Pause)

Öffne langsam deine Augen, strecke und dehne dich. Wenn du möchtest, kannst du auch gähnen oder aufstehen. Komm ganz und gar wieder im Hier und Jetzt an."

Die Schüler*innen werden nach der Meditation eingeladen, von ihren inneren Bildern zu berichten, diese aufzuschreiben oder aufzumalen.
Meist bedarf es einiger Übung, bis sich die Schüler*innen auf meditative und Selbsterfahrungsinhalte im Unterricht einlassen.

Name .... Datum .... AB 7

Ich – meine Identität

Aufgabe:
Überlege für dich allein, sprich mit deinen Freundinnen und Freunden und/oder deinen Eltern und fülle aus.

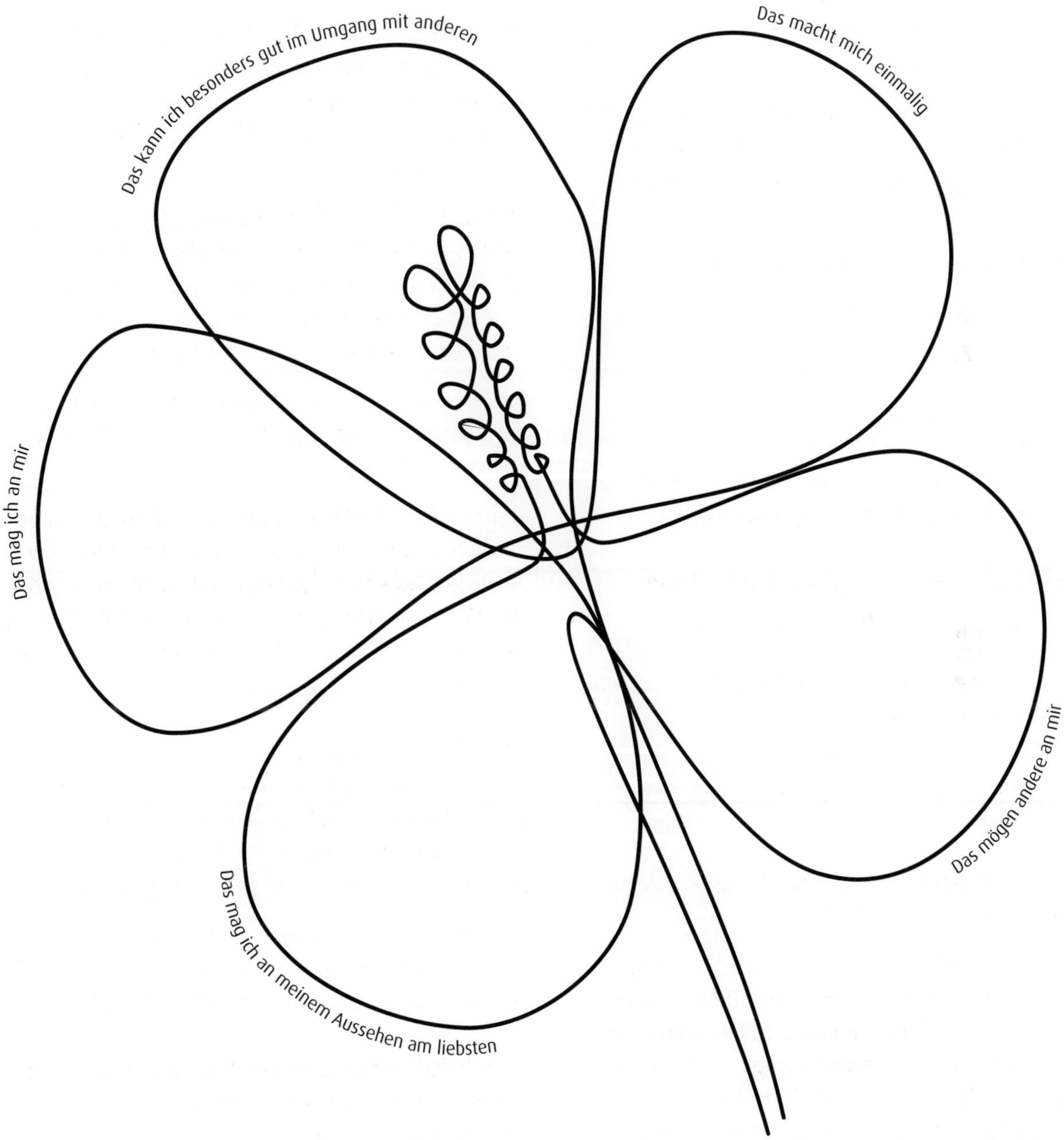

Sexuelle Orientierung: homo-, hetero- und bisexuell

Viele Jugendlichen machen ihre ersten sexuellen Erfahrungen mit Gleichaltrigen des gleichen Geschlechts. Manche Jugendlichen probieren Zärtlichkeiten mal mit Jungen und mal mit Mädchen aus. Das bedeutet nicht, dass diese Jugendlichen in jedem Fall schwul, lesbisch oder bisexuell sind. Es gehört zum Entdecken der eigenen sexuellen Orientierung dazu. Denn oft braucht es eine gewisse Zeit, um sich sicher zu sein, zu welchem Geschlecht man sich hingezogen fühlt. Manche Menschen merken erst viel später in ihrem Leben, dass sie (auch) auf das eigene Geschlecht stehen. Manche können sich verlieben, haben aber kein Interesse an körperlichem Austausch mit anderen Menschen. Sie werden als „asexuell" bezeichnet. Sogar Tiere suchen sich teilweise Partner oder Partnerinnen desselben Geschlechts aus oder wechseln zwischen den Geschlechtern. Im Alltag sind häufig die Worte „homosexuell", „heterosexuell", „schwul", „lesbisch" und „bi" zu hören. Viele wissen jedoch nicht, was sie genau bedeuten.

Aufgabe:
Lies die Texte, fülle die Lücken aus und klebe die passenden Symbole auf.

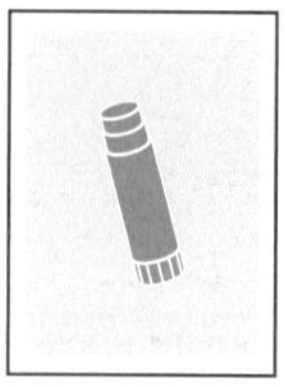

.... bedeutet, dass man ein anderes Geschlecht liebt und nicht das, zu dem man selbst gehört. Diese Menschen werden als .... bezeichnet.

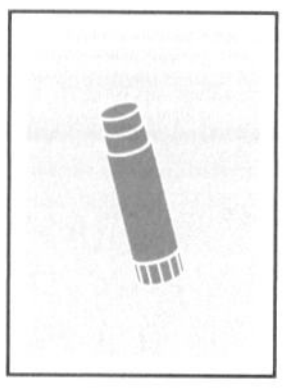

.... bedeutet, dass man auf das gleiche Geschlecht steht, zu dem man selbst gehört.
Diese Menschen werden als .... bezeichnet.
Homosexuelle Frauen werden als .... bezeichnet.
Homosexuelle Männer werden als .... bezeichnet.

.... bedeutet, dass sich Menschen zu zwei oder mehr Geschlechtern hingezogen fühlen. Diese Menschen werden als .... bezeichnet. Sie lieben Frauen, Männer und/oder Menschen, die eine andere Geschlechtsidentität haben.

Begriffe: Homosexualität (homo = gleich), Heterosexualität (hetero = anders), Bisexualität, bisexuell, heterosexuell, homosexuell, Schwule, Lesben

Geschlechtsidentität

Aufgabe:
Lies die Texte und fülle die Lücken aus.

Bei der **Geschlechtsidentität** geht es darum, welchem Geschlecht man sich zugehörig fühlt. Es gibt binäre Geschlechter. Dazu gehören .... und .... Und es gibt Personen, die sich zwischen Mann und Frau fühlen, gar kein Geschlecht empfinden oder deren Geschlecht wechselt. Diese werden mit dem Begriff .... zusammengefasst.

Begriffe:
nichtbinär,
Frauen,
Männer

Cisgeschlechtliche Menschen

Unter cisgeschlechtlichen Menschen versteht man Menschen, bei denen das .... Geschlecht auch das Geschlecht ist, dem sie sich zugehörig fühlen. Sie wurden bei der .... als .... oder .... eingeteilt und fühlen sich auch so.

Begriffe:
biologische,
Junge, Geburt,
Mädchen

Intergeschlechtliche Menschen

.... Menschen sind nicht eindeutig als .... oder .... zur Welt gekommen. Ihre Geschlechtsorgane sehen anders aus als bei typischen Jungen oder Mädchen. Intergeschlechtliche Neugeborene können als .... oder .... Geschlechtsangabe in das Geburtenregister eingetragen werden.

Begriffe:
ohne, divers,
Mädchen, Junge,
intergeschlechtliche

Transgeschlechtliche Menschen

.... Menschen fühlen sich einem Geschlecht zugehörig, das nicht zu ihrem biologischen Geschlecht passt. Transjungen wurden bei der Geburt für .... gehalten, Transmädchen wurden bei der Geburt für Jungen gehalten. Sie wählen oft einen neuen .... , der zu ihrem wirklichen Geschlecht passt. Manche nehmen .... oder lassen sich operieren, damit ihr .... ihrem wahren Geschlecht entspricht.

Begriffe:
transgeschlechtliche,
Mädchen, Namen,
Hormone, Körper

Die Geschlechtsidentität ist unabhängig von der sexuellen Orientierung! Eine transgeschlechtliche Person kann genauso heterosexuell, homosexuell oder bisexuell sein, wie eine cisgeschlechtliche Person. **Du allein weißt, welches Geschlecht du hast. Niemand anderes kann das für dich bestimmen!**

Name .... Datum .... AB 10

Sexuelle Orientierung und Geschlechtsidentität

Aufgabe:
Vervollständige die Sätze und markiere die Begriffe im Suchsel.

1. Wenn ein Junge einen anderen Jungen liebt, ist er ....
2. Wenn eine Frau sowohl Frauen als auch Männer liebt, ist sie ....
3. Menschen, die körperlich nicht eindeutig männlich oder weiblich sind, bezeichnet man als ....
4. Wenn eine Frau andere Frauen liebt, ist sie ....
5. Menschen, die sich nicht ihrem biologischen Geschlecht zugehörig fühlen, sind ....
6. Wenn eine Frau einen Mann liebt und umgekehrt, sind beide ....
7. Intergeschlechtliche Menschen können ihr Geschlecht als .... eintragen lassen.
8. Wenn Menschen sich ihrem biologischen Geschlecht zugehörig fühlen, werden sie .... genannt.

M	P	D	C	C	I	S	K	W	G	G	Z	Q	A
H	I	J	X	O	B	L	Z	C	U	F	D	D	R
H	E	T	E	R	O	S	E	X	U	E	L	L	H
W	P	E	I	D	F	H	O	H	I	I	N	Y	B
O	X	A	C	F	C	V	I	L	N	M	P	E	Q
A	D	D	E	Z	D	M	W	K	X	X	A	M	U
F	M	I	U	L	E	S	B	I	S	C	H	U	L
N	T	R	A	N	S	G	E	N	D	E	R	L	U
S	C	H	W	U	L	T	W	C	X	S	G	H	D
I	N	T	E	R	S	E	X	U	E	L	L	M	D
W	X	H	O	M	O	S	E	X	U	E	L	L	F
O	W	B	I	S	E	X	U	E	L	L	K	G	A
V	E	K	Z	E	F	E	S	A	T	I	T	C	I
B	X	W	Z	A	S	E	M	B	E	S	L	Y	P

Begriffe: schwul, transgender, heterosexuell, divers, cis, lesbisch, intersexuell, bisexuell

Lösung:

Coming-out

„Coming-out“ bedeutet, dass Menschen ihre sexuelle Orientierung bekannt geben. Sie sagen also offen, dass sie z. B. schwul, lesbisch, bi- oder transsexuell sind. Menschen, die sich entscheiden, sich zu outen (öffnen), haben sich intensiv mit ihren Gefühlen und ihrem Körper auseinandergesetzt. Sie haben die Reaktionen der Mitmenschen durchdacht. Sie wählen bewusst Personen aus, denen sie sich anvertrauen. Für sie ist es meist ein sehr schwieriger und mutiger Schritt. Meist sind sie dann erleichtert, froh und stolz auf sich, dass sie sich geoutet haben. Sie sind danach häufig selbstbewusster und zufriedener.

Aufgabe:
Beantworte die Fragen mit eigenen Worten.

1. Das Coming-out ist ein schwieriger und mutiger Schritt. Weshalb?

....

....

....

....

....

....

....

....

2. Wie würdest du reagieren, wenn dir eine Freundin oder ein Freund erzählen würde, dass er/sie schwul, lesbisch oder bisexuell ist?

....

....

....

....

....

....

....

....

2

Gefühle, Freundschaft, Verliebtsein

Gefühle

Hintergrundinformationen

Während der Pubertät arrangiert sich das Gehirn neu und wird zu einer großen Baustelle: Die wenig genutzten Nervenverbindungen werden gekappt, wichtige Verbindungen dagegen weiter ausgebaut, sodass das Gehirn insgesamt leistungsfähiger, schneller und flexibler wird. Bei diesen Umbaumaßnahmen reift das limbische System, also der Teil des Gehirns, der für Gefühle, Impulse und deren Verarbeitung zuständig ist, schneller als andere Gehirnareale. Da die Steuerung von Emotionen zu den Aufgaben des limbischen Systems gehört, erklärt dies zum Teil, warum Jugendliche während der Pubertät eher sprunghaft und emotional reagieren. Erst am Schluss des Gehirnreifungsprozesses steht das Vorderhirn – vereinfacht gesagt, ist das der Teil, der für die Vernunft zuständig ist. Das Ungleichgewicht in der Gehirnentwicklung bedingt somit das Verhalten in der Pubertät. Hinzu kommen die hormonellen Veränderungen, die ebenfalls Auswirkungen auf das Gefühlsleben der pubertierenden Jugendlichen haben und das Gefühlschaos perfekt machen.

Übersicht der Unterrichtsmaterialien

* ggf. Kamera und PC
* ggf. Gefühlstagebuch
* AB 2.1 Gefühle (→ S. 38)

Einstieg

In dem folgenden Ablauf werden zunächst nur sechs Grundgefühle thematisiert: Freude, Traurigkeit, Wut, Überraschung, Angst und Ekel. Diese Gefühle sind Bestandteil jeder menschlichen Existenz und gelten als kulturübergreifend, sodass Mimik, Stimmlage und Körperausdruck, die mit diesen Gefühlen einhergehen, in allen Kulturen sehr ähnlich sind.

In einem Unterrichtsgespräch benennen die Schüler*innen unterschiedliche Gefühle und die sechs genannten Grundgefühle werden herausgearbeitet. Es bietet sich an, diese Gefühle in einem Pantomime-Spiel erraten zu lassen. Alternativ oder ergänzend können die von den Schüler*innen genannten Gefühle in Form einer Liste zusammengetragen und den sechs Grundgefühlen untergeordnet werden.

Erarbeitung

Fotosession

Wenn genug Zeit ist, können Sie mit Ihrer Klasse auch eine Fotosession durchführen. Hierbei stellen die Schüler*innen verschiedene Gefühle mimisch dar. Diese werden fotografiert und können – entweder selbst ausgedruckt und auf Fotokarton aufgeklebt – bei einem der gängigen Foto-Service-Anbieter im Internet zu einem Memo-Spiel verarbeitet werden.

Gefühlstagebuch

Eine intensivere und persönliche Variante der Auseinandersetzung mit Gefühlen stellt das Gefühlstagebuch dar. Dazu legen die Schüler*innen ein Tagebuch an, in dem sie täglich ihren Gefühlszustand notieren. Sie nehmen sich täglich abends 5-10 Minuten Zeit, um zu reflektieren, wie sie sich an dem jeweiligen Tag gefühlt haben, verwenden ggf. zusätzlich Symbole oder Zeichnungen, um ihre Emotionen zu verdeutlichen. Das Gefühlstagebuch stellt eine schöne Möglichkeit dar, das ggf. stattfindende Auf und Ab von Gefühlen in der Pubertät zu reflektieren. Gut ist, wenn sich die Schüler*innen dabei täglich auch die positiven Momente und damit zusammenhängende Emotionen vergegenwärtigen. Trotz eines möglichen Gefühlschaos gibt es auch immer etwas Schönes und Gutes, das mit positiven Empfindungen verbunden ist und das die Jugendlichen notieren können.

Falls ein freies Tagebuch zu schwierig zu befüllen ist, können Sie auch eine Struktur vorgeben (siehe nächste Seite).

Sicherung

Das AB 2.1 Gefühle (→ S. 38) verdeutlicht die Mimik bei den besprochenen Grundemotionen und kann der Sicherung dienen.

Datum: ....

So war mein Tag heute

Ich habe mich heute gefreut über:

1. ....
2. ....
3. ....

So war mein Energie-Level:

.... /10 Punkten

Gesamtstimmung heute:

Überwiegende Gefühle:

- ☐ Freude
- ☐ Dankbarkeit
- ☐ Überraschung
- ☐ Stolz
- ☐ Liebe/Zuneigung
- ☐ Traurigkeit
- ☐ Enttäuschung
- ☐ Angst
- ☐ Ärger/Wut
- ☐ Eifersucht
- ☐ Neid
- ☐ Scham

Darauf freue ich mich morgen:

....

....

....

Name .... Datum .... AB 1

Gefühle

Freude, Wut, Trauer, Überraschung, Angst und Ekel werden als Grundgefühle bezeichnet. Sie zeigen sich in einem bestimmten Gesichtsausdruck. Dieser Gesichtsausdruck ist bei allen Menschen gleich und wird auch von den meisten Menschen in vielen Kulturkreisen gleich aufgefasst.

Aufgabe:

1. Ordne die Begriffe den Bildern zu und trage sie in die Tabelle ein:
   Freude, Trauer, Wut, Überraschung, Angst, Ekel
2. Zeichne jeweils passende Emojis.

Gefühl	....	....	....
Foto		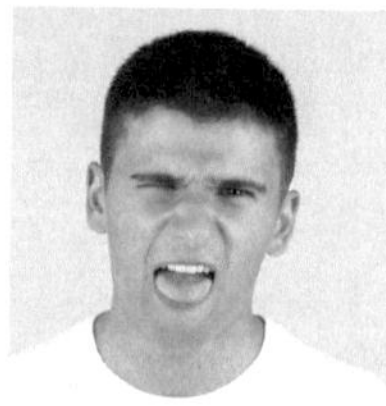	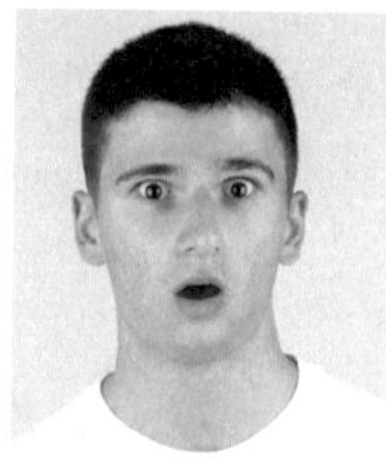
Emoji			
Gefühl	....	....	....
Foto	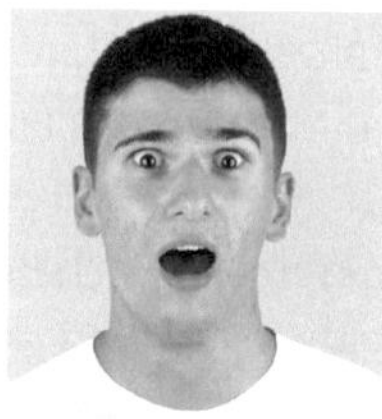		
Emoji			

Scham, Neid und Eifersucht

Hintergrundinformationen

Die Gefühle Neid und Eifersucht kennen bestimmt alle Schüler*innen. Als Kleinkinder haben sie diese Emotionen vielleicht erlebt, als sie bestimmte Dinge nicht besitzen oder nicht bekommen konnten. Im familiären Bereich haben sie möglicherweise Situationen erfahren, in denen Mutter oder Vater sich mit einem Geschwisterkind befasst haben und sie dafür selbst zurückstecken mussten. Im Kindergarten und der Grundschule machen viele Schüler*innen oft auch Vorerfahrungen mit den Gefühlen Neid und Eifersucht im Zusammenhang mit dem Thema „Ausgeschlossensein".

Etwa mit dem zweiten Lebensjahr entwickelt sich das Gefühl von Scham. Schamgefühle sind sozialisations- und kulturbedingt, sie entsprechen der individuellen Veranlagung und der aktuellen Befindlichkeit. Meist treten Schamgefühle nach Verletzung sozialer Regeln oder Normen oder durch eine Bewertung der eigenen Handlungen auf, wenn diese als unangemessen oder unzulässig empfunden werden. Wir erröten und möchten im Boden versinken. Schamgefühle gehören in der Pubertät zur Entwicklung, da sich die Jugendlichen mit ihrer körperlichen und sozialen Identität auseinandersetzen und sich mit neuen Emotionen, Verhaltensweisen und sozialen Erwartungen konfrontiert sehen. In dieser Zeit ist es normal, sich zeitweise beschämt zu fühlen aufgrund von Veränderungen des Körpers, möglicherweise unbeholfenem Verhalten oder vermeintlichen sozialen Fehlern.

Man geht davon aus, dass die Körperscham bereits in der frühen Kindheit in der Familie beginnt. Die Eltern sind Modelle und ihre Reaktionen auf kindliche Verhaltensweisen sowie ihre eigene Körperlichkeit wirken modellhaft auf das Kind ein. Scham ist jedoch nicht nur negativ zu sehen – sie bewahrt unsere Privatsphäre und schützt uns davor, Informationen über uns und unsere Körper möglicherweise den falschen Personen zu offenbaren.

Übermäßige Schamgefühle können jedoch den Selbstwert beeinträchtigen und zu einem negativen Selbstbild beitragen. Es ist wichtig, Jugendlichen zu helfen, ihre Schamgefühle zu verstehen und ihr Selbstbewusstsein zu stärken, indem sie lernen, ihre Fehler als Teil des Lernprozesses zu sehen und ihre Stärken und Schwächen anzunehmen.

Übersicht der Unterrichtsmaterialien

* ggf. kleine Klebezettel
* AB 2.2 Meine Stärken (→ S. 42)

Einstieg

Die Schüler*innen erinnern sich an unangenehme Situationen, die sie selbst erlebt oder (in den Medien) gesehen haben. Wenn sie möchten, dürfen sie in einem Unterrichtsgespräch oder in Partnerarbeit einige davon erzählen und erläutern, wie sie sich jeweils in den betreffenden Situationen gefühlt haben.

Gemeinsam mit den Jugendlichen werden anhand der erzählten Beispiele die Begriffe „Neid", „Eifersucht" und „Scham" erarbeitet und den Situationen zugeordnet und auf diese Weise die Unterschiede der Begriffe genauer herausgearbeitet.

Alternativ werden anhand der Szenenspiele (s. u.) die Begriffe erfahrbar gemacht und dann genauer erarbeitet.

Erarbeitung

Die folgenden Situationen können von den Schüler*innen in Form von Szenenspielen nachgespielt und evtl. durch eigene Erfahrungen ergänzt werden. Die Schüler*innen besprechen außerdem, ob die Gefühle, die mit den Szenen einhergehen, Neid, Eifersucht oder Scham zuzuordnen sind.

Scham, Neid und Eifersucht

Situationen:

1. Bei deinem Auftritt in einer Tanzshow reißt deine (Strumpf-)Hose bis über das Knie.
2. Du stolperst mitten auf der Tanzfläche.
3. Du bekommst zum Valentinstag eine rote Rose von deinem Partner geschenkt. Zufällig kommt seine Exfreundin vorbei und meint: *„Ich habe letztes Jahr von ihm einen ganzen Strauß Rosen bekommen".*
4. Dein Freund trifft sich nach dem Basketballtraining regelmäßig mit seinen Basketballfreunden. Deine beste Freundin erzählt dir, dass dein Freund dort immer mit einem der Basketball-Jungs herumknutscht.
5. Beim Eisessen mit deinem*deiner neuen Freund*in gestikulierst du mit vollem Löffel und kleckerst dich voll.
6. Dein*e Banknachbar*in bekommt immer die bessere Note als du, obwohl du richtig viel lernst.
7. Dein Bruder bekommt zu Weihnachten, das, was er sich gewünscht hat, und du lauter praktische Sachen zum Anziehen.
8. Du magst es nicht, wenn andere dich unbekleidet sehen. Nun liegst du in der Badewanne, hast vergessen, die Tür abzusperren, und dein Opa kommt herein.
9. Du hast ein Handy gekauft und zeigst es ganz stolz einem*einer Freund*in. Dein*e Freund*in kauft die neueste Version deines Handys und hält es dir am nächsten Tag unter die Nase.
10. Du gehst mit deinem Freund ins Café. Er schaut die ganze Zeit anderen Mädchen hinterher und pfeift ihnen nach.
11. Du gehst mit deinem*deiner Freund*in feiern. Er*Sie lässt sich von dir auf einen Drink einladen und tanzt dann immer mit einem anderen Jungen. Du scheinst dich für ihn*sie in Luft aufgelöst zu haben.
12. Deine Freundin und du habt das gleiche Kleid gekauft. Als ihr anderen Freundinnen begegnet, betonen diese, wie gut das Kleid deiner Freundin steht. Dich scheinen sie zu ignorieren.
13. Du triffst deinen Crush und stellst fest, dass dein Outfit Flecken hat.
14. Du hast ein paar megacoole neue Schuhe. Du weißt, dass deine Freundinnen diese Schuhe auch gerne hätten, sie sich aber nicht leisten können. Du stolzierst vor deinen Freundinnen auf und ab. Wie fühlen sie sich?
15. Du hältst ein Referat vor der ganzen Klasse und deine Stimme kiekst fortwährend.
16. Du gehst mit deinem Freund schwimmen. Eine Freundin kommt auch mit. Plötzlich findest du deinen Freund und die Freundin nicht wieder. Irgendwann siehst du, dass sie sich versteckt haben und sich küssen.
17. Du gehst mit deinem Kumpel durch die Fußgängerzone. Plötzlich zeigt eine Gruppe Mädchen auf deinen Freund und tuschelt: *„Schaut mal den an, der schaut voll gut aus, der hat voll die Muskeln und coole Klamotten, viel besser als der Typ neben ihm."* Dein Freund grinst die Mädels an und macht dir gegenüber einen überheblichen Gesichtsausdruck.

Herausgearbeitet wird, dass jede*r die Gefühle Neid, Eifersucht und Scham kennt. Neid entsteht aus der Angst heraus, Dinge einzubüßen oder zu entbehren, die einem wichtig sind. Eifersucht entsteht, wenn wir fürchten, dass sich jemand von uns abwendet oder uns verlässt. Starke Neid- und Eifersuchtsgefühle zeigen uns, dass wir glauben, weniger wert zu sein. Ein stabiles Selbstbewusstsein bewahrt uns davor, präventiv eifersüchtig zu sein oder aufgrund starken Neides anderen nichts zu gönnen. Auch übermäßige Scham deutet auf ein geringes Selbstwertgefühl hin. Zeigen Sie den Schüler*innen, wie sie mit Fettnäpfchen und vermeintlich peinlichen Situationen umgehen können (mit Souveränität und Humor). Damit hilft man auch Außenstehenden im Umgang mit diesen Situationen, die ihnen vielleicht unangenehm sind (Fremdschämen).

Übung „Speeddating"

Mit der Übung „Speeddating" können sich die Schüler*innen im Anschluss überlegen, wie sie mit dem Verhalten ihres Freundes bzw. ihrer Freundin umgehen würden. Für die Übung wird etwas Platz benötigt.

Die Klasse teilt sich in zwei gleich große Gruppen auf. Die eine Hälfte stellt sich in einen Innenkreis mit Blick nach außen, die zweite Hälfte stellt sich in einem Außenkreis mit Blick nach innen, sodass sich jeweils zwei Partner*innen in die Augen sehen können. Die Lehrkraft liest eine Szene vor. Die Schüler*innen aus dem Innenkreis überlegen einzeln für sich, wie sie reagieren würden, und erläutern das ihrem*ihrer Partner*in. Auf ein Zeichen dreht sich der Außenkreis um eine Person im Uhrzeigersinn weiter und der*die neue Partner*in aus dem Innenkreis beantwortet dieselbe Frage (mit der gleichen Antwort) noch einmal. Nach ein paar Durchläufen kann die Reaktion auf eine neue Szene vom Außenkreis erläutert werden.

Warme Dusche

Zum Abschluss können die Schüler*innen die Übung „Warme Dusche" durchführen (→ siehe S. 26). Hierbei können die Satzanfänge lauten: „Du kannst", „Du bist", „Du hast". Als Erweiterung können die Schüler*innen einander gute Eigenschaften auf Klebezettel schreiben und sich diese auf den Rücken heften. Wichtig ist dabei, auf Ausgewogenheit zu achten, sodass kein*e Schüler*in leer ausgeht, z. B. indem die Schüler*innen vorher den Namen der Personen ziehen, deren gute Eigenschaften sie aufschreiben.

Übung „Die Sonne scheint auf jeden, der ..."

Diese Übung stellt eine Alternative zur „Warmen Dusche" dar. Auch hier braucht man wieder genügend Platz zur Durchführung. Die Lehrkraft oder die Schüler*innen selbst überlegen sich Aussagen, die ganz speziell auf bestimmte Mitschüler*innen passen, und formulieren diese, z. B.: *„Die Sonne scheint auf jeden, der die coolsten Fahrradtricks kann"* oder *„Die Sonne scheint auf jede, die die längsten Haare hat".* Alle Schüler*innen überlegen sich, auf wen die jeweilige Aussage zutreffen könnte, und bilden spontan einen Kreis um diese*n Schüler*in, sodass diese*r sprichwörtlich im Mittelpunkt steht. Die Lehrkraft sollte darauf achten, dass alle Schüler*innen drankommen.

In Form einer Reflexion werden die Schüler*innen im Anschluss an die Übung darauf hingewiesen, dass sie immer wieder versuchen sollten, ihren Fokus auf ihre Stärken zu legen, und auch in Dankbarkeit annehmen, was ihnen Gutes widerfährt. Sie können sich immer wieder vergegenwärtigen, was sie ausmacht und was sie schon alles erreicht haben, um nicht in die Negativspirale von Scham, Neid und Eifersucht hineingezogen zu werden.

Sicherung

Zur Sicherung kann hier das AB 2.2 Meine Stärken (→ S. 42) eingesetzt werden. Auf dem Arbeitsblatt können sich die Schüler*innen ihre Stärken und Pluspunkte vergegenwärtigen, von denen ihr Selbstbewusstsein profitiert.

Name .... Datum .... AB 2

Meine Stärken

Aufgabe:

Alle Menschen haben Stärken!

Denke gut über dich nach und fülle die Sprechblasen aus.

Das schätze ich an mir:

....

....

....

....

....

Das kann ich:

....

....

....

....

....

Das habe ich:

....

....

....

....

....

....

Das macht mich stolz:

....

....

....

....

....

....

Freundschaft - Verliebtsein - Kommunikation

Hintergrundinformationen

Wir alle kennen Freundschaften von klein auf: Sandkastenbegegnungen und Spielplatzfreundschaften, Schul- und Sportfreund*innen und -freunde. Und wir alle kennen Liebe. Liebe zu Menschen, die uns nahestehen, wie Eltern, Geschwistern, Großelten, und evtl. auch zu den Haustieren. Gerade während der Pubertät sind Freundschaften sehr wichtig, da die Jugendlichen in dieser Zeit die Abhängigkeit von den Eltern lockern und sich stärker Gleichaltrigen zuwenden. Freund*innen und Freunde gewinnen in dieser Zeit mehr Bedeutung und werden zu wichtigen Bezugspersonen.

In diesem Kapitel geht es in erster Linie um die ersten Erfahrungen von Freundschaft und Liebe und das erste Verliebtsein.

Ein weiterer Schwerpunkt dieser Einheit liegt auf dem Thema „Kommunikation". Eine gute Kommunikation kann zur Einhaltung von Vereinbarungen aller Beteiligten und somit zu einem friedvollen Miteinander führen.

Übersicht der Unterrichtsmaterialien

- AB 2.3 Freundschaft oder Liebe? (→ S. 46)
- AB 2.4 Kommunikation: Das Sender-Empfänger-Modell (→ S. 47–48)
- AB 2.5 Gelingende Kommunikation (→ S. 49)

Einstieg & Erarbeitung

In einem Unterrichtsgespräch oder in Kleingruppen bringen die Schüler*innen ihre Erfahrungen ein und tauschen sich über Freundschaft, Partnerschaft und Liebe, wie sie sie bis jetzt erfahren haben, aus. Vielleicht wird dabei die Vielschichtigkeit von Liebe deutlich. Durch einen intensiven Austausch erfahren die Schüler*innen evtl., dass ihre Mitschüler*innen sich in ähnlichen Lebenssituationen befinden und ähnliche Gefühle haben, und vielleicht auch, dass sie ähnliche Erfahrungen gemacht haben. Das kann verbinden und für die kommenden Einheiten eine wertvolle Vertrauensbasis ermöglichen.

Ggf. ist es hilfreich, diesen Austausch mit ein paar Leitfragen zu lenken:

- Was bedeutet Freundschaft für dich?
- Was geht in einer Freundschaft gar nicht?
- Welches Zeichen von Freundschaft hast du zuletzt erfahren?
- Worin zeigt sich, dass du ein*e gute*r Freund*in bist?
- Was hast du schon mal aus Freundschaft getan?
- Wozu braucht man Freundinnen und Freunde?
- Woran merkst du, dass du verliebt bist?
- Woran merkst du, dass jemand verliebt in dich ist?
- Welche Charaktereigenschaften muss dein*e Partner*in haben?
- ...

Auch können die Schüler*innen einige Szenen aus Filmen, Serien oder Soaps rekapitulieren und anhand dieser die wesentlichen Inhalte und die Unterschiede zwischen Liebe und Freundschaft erläutern.

Sicherung

Anhand des AB 2.3 Freundschaft oder Liebe? (→ S. 46) wird der Unterschied zwischen Freundschaft und Liebe herausgearbeitet. Die deutsche Sprache ist in der Begrifflichkeit „Freund/Freundin" hier etwas unklarer als z. B. die englische Sprache „friend" – „boyfriend/girlfriend". Daher bedarf es der exakteren Wortwahl, um zwischen Liebespartner*in und Partner*in im Allgemeinen bzw. zwischen Liebesbeziehung und freundschaftlicher Beziehung zu unterscheiden.

Kommunikation

Beziehung hat immer etwas mit Kommunikation zu tun. Laut Paul Watzlawick ist es nicht möglich, nicht zu kommunizieren[2]. Im Folgenden sollen die Schüler*innen einige Anreize erhalten, sich mit dem Thema „Kommunikation" auseinanderzusetzen. Die Übungen können im Laufe der Sequenz auch immer wieder wiederholt und in Variationen angewendet werden.

[2] Vgl. Paul Watzlawick, Janet H. Beavin, Don D. Jackson. Menschliche Kommunikation. Huber Bern, Stuttgart, Wien 1969

Freundschaft - Verliebtsein - Kommunikation

Das Vier-Ohren-Modell von Schulz von Thun[3] bildet die Grundlage für diese Unterrichtseinheit. Es ist ein Kommunikationsmodell, das beschreibt, dass jede Botschaft vier verschiedene Aspekte beinhaltet, die auf unterschiedliche Weise gehört und interpretiert werden können. Diese vier Aspekte werden in dem Modell von Schulz von Thun auch als „Ohren" bezeichnet. Dazu zählen:

* Das Sachohr/die Sachebene: Hier geht es um den reinen Inhalt der Botschaft, die Fakten, Daten und Informationen.
* Das Selbstoffenbarungs- oder Selbstdarstellungsohr/die Selbstoffenbarungsebene: Hier drückt der*die Sender*in seine*ihre eigenen Gedanken, Meinungen und Gefühle aus und gibt somit etwas über sich selbst preis.
* Das Beziehungsohr/die Beziehungsebene: Hier geht es um die Art und Weise, wie der*die Sender*in die Beziehung zwischen sich und dem*der Empfangenden sieht. Die Botschaft drückt aus, was der*die Sender*in von dem*der Empfangenden hält und wie er*sie die Beziehung zu ihm*ihr einschätzt.
* Das Appellohr/die Appellebene: Hier geht es um die Handlungsaufforderung, die der*die Sendende an den*die Empfangende*n richtet. Die Botschaft drückt aus, was der Sender vom Empfänger erwartet oder erhofft.

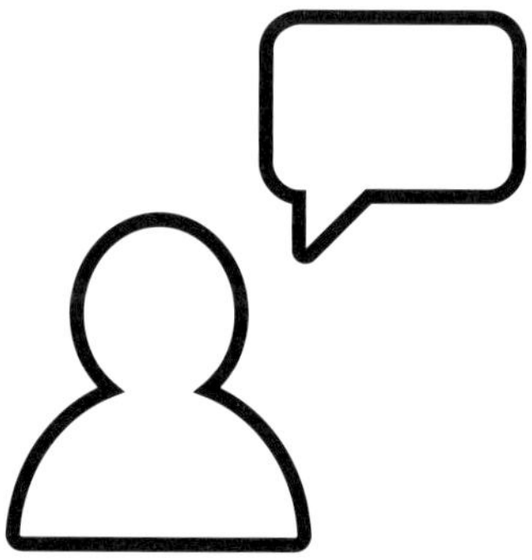

Nach Schulz von Thun ist es wichtig, diese vier Ohren zu berücksichtigen, wenn eine klare und effektive Kommunikation erreicht werden soll. Dabei ist es sinnvoll, darauf zu achten, dass die Botschaft auf jeder dieser Ebenen so klar und verständlich wie möglich ist und somit möglichst keine Missverständnisse entstehen. Ausgehend von diesem Modell, können wir auf allen vier Kanälen „senden" und „empfangen". Oftmals werden jedoch nur ein oder zwei Kanäle bedient und das führt zu Auseinandersetzungen und Missverständnissen. Auch gibt es Inhalte, die schwerpunktmäßig auf einen Kanal abzielen.

Einstieg & Erarbeitung

Erläutern Sie den Schüler*innen das Sender-Empfänger-Modell in Anlehnung an Schulz von Thun z. B. in Form eines Tafelanschriebs und verdeutlichen Sie die vier Aspekte einer Botschaft anhand von Beispielen. Den Schüler*innen soll bewusst werden, dass jeder Mensch Aussagen unterschiedlich verstehen kann, da jeder durch seine Vorerfahrung und Filter geprägt ist.

Eine Übung kann darin bestehen, die Schüler*innen zu einer Grundaussage passende Aussagen zu jedem der vier Ohren/Kanäle formulieren zu lassen, z. B.:

Grundaussage: *„Die Spülmaschine ist fertig."*
Appell: *„Bitte räume die Spülmaschine aus."*
Sache: *„Es geht um die Spülmaschine, sie ist fertig."*
Selbstkundgabe: *„Ich habe mich um das Geschirr gekümmert und die Spülmaschine angestellt."*
Beziehung: *„Erkenne an, dass ich die Spülmaschine angestellt habe."*

Nutzen Sie hierzu das Arbeitsblatt.

[3] Vgl. das Kommunikationsquadrat - Schulz von Thun Institut (schulz-von-thun.de)

Übung „Spiegeln"

Ergänzend kann mit den Schüler*innen das „Spiegeln" geübt werden. Für diese Übung wird wieder Platz benötigt. Die Schüler*innen stellen sich paarweise einander gegenüber auf. Ein*e Schüler*in macht pantomimisch einige Bewegungen vor und das Gegenüber macht diese nahezu zeitgleich nach. Ähnlich verhält es sich mit dem Spiegeln von Aussagen. Die Schüler*innen organisieren sich wieder zu Paaren. Ein*e Schüler*in trifft eine Aussage, der*die Partner*in gibt die Aussage wieder.

Reflektieren Sie die Übungen zusammen mit den Schüler*innen. Was ist ihnen aufgefallen? Die Schüler*innen erfahren, dass sowohl die Bewegungen als auch die Aussagen jeweils kleine Nuancen der Veränderung beinhalten. So verhält es sich mit der Kommunikation. Nichts kommt exakt so bei dem*der Empfänger*in an, wie es von dem*der Sender*in gesagt wurde, da jede*r durch individuelle Erfahrungen, Werte, die Erziehung etc. geprägt ist.

Kommunikation hat auch immer etwas mit Wertschätzung und Abgrenzung zu tun.

Sicherung

Zur Sicherung werden die Arbeitsblätter AB 2.4 Kommunikation: Das Sender-Empfänger-Modell (→ S. 47–48) und AB 2.5 Gelingende Kommunikation (→ S. 49) eingesetzt.

Name .... Datum .... AB 3

Freundschaft oder Liebe?

„Die Freundschaft und die Liebe sind zwei Pflanzen an einer Wurzel. Sie blühen nur in unterschiedlichen Farben."

(abgewandelt nach: Friedrich Gottlieb Klopstock, 1724–1803)

Aufgaben:

1. Tausche dich mit deinen Mitschülerinnen und Mitschülern aus. Beschreibe typische Verhaltensweisen, Worte, Gesten und trage sie in die Tabelle ein.

Freundschaft	Liebe
....	....
....	....
....	....
....	....
....	....
....	....
....	....
....	....
....	....
....	....
....	....
....	....
....	....
....	....

2. Was ist das Besondere an deiner besten Freundin/deinem besten Freund? Was würdest du ihr/ihm sagen, weshalb sie/er so wichtig für dich ist?

....

....

....

....

....

Name .... Datum .... AB 4

Kommunikation: Das Sender-Empfänger-Modell (1/2)

„Man kann nicht nicht kommunizieren."

(Paul Watzlawick, 1921-2007)

Aufgabe:
Was mag dieser Satz von Paul Watzlawick bedeuten? Diskutiere mit deinen Mitschülerinnen und Mitschülern.

In jeder Kommunikation gibt es mindestens eine Person, die eine Aussage trifft, und eine Person, an die die Aussage gerichtet ist, also einen „Sender"/eine „Senderin" und einen „Empfänger"/eine „Empfängerin".
Viele Aussagen beinhalten **Informationen zur Beziehung, einen Appell, eine Sache** und **eine Selbstkundgabe.**
Der Sender/die Senderin nimmt sehr wahrscheinlich eine andere Gewichtung der Aussage vor als der Empfänger/die Empfängerin, da jeder Mensch eine andere Lebensgeschichte, Wahrnehmung und Erfahrung hat.
All das spielt in die Kommunikation hinein. Häufig kann es daher zu Missverständnissen kommen.

Aufgabe:
Fülle die vier Kanäle einer Aussage aus. Trage die Begriffe in die Sprechblasen ein.

Lösung: *

Kommunikation: Das Sender-Empfänger-Modell (2/2)

Aufgaben:

Beim Küssen meint Erhan zu Lisa: *„Mmh ... Du schmeckst besonders."*

Lösung:

1. Lies zuerst die Gedanken von Sender (Erhan) und Empfängerin (Lisa) zu dieser Aussage. Trage die vier Kanäle dazu in der linken Spalte ein.
2. Formuliere dann Sätze zu den vier Kanälen, die zu dieser Situation passen:

Erhan hat einen neuen Haarschnitt. Lisa begrüßt ihn mit den Worten:
„Oh! Du warst beim Friseur!"

Kanäle	Sender/Senderin	Empfänger/Empfängerin
.... (um diese Sache/dieses Thema geht es)	Sie schmeckt.	Ich schmecke?
	Er war beim Friseur.	....
.... (mögliche Erwartungen)	Sag mir doch, wonach du schmeckst.	Vielleicht sollte ich mir die Zähne putzen ...?
	....	....
.... (Informationen zur Beziehung der Personen)	Ich traue mich, dir zu sagen, dass ich dich schmecke.	Er findet mich nicht toll.
	....	....
.... (Das gebe ich von mir bekannt)	Dieser Geschmack ist für mich „besonders".	Was bedeutet „besonders"?
	....	....

! **Empfehlung:** Sage deutlich, was du empfindest und was du dir wünschst!
Bei emotionaler Verunsicherung: **Frage nach!**

Name .... Datum .... AB 5

Gelingende Kommunikation

Aufgabe:

* Findet euch zu Paaren zusammen. Bestimmt die Sender/Senderinnen und die Empfänger/Empfängerinnen. Versucht, die Aussagen unten, entsprechend den vier Kanälen, zu interpretieren. Seid gespannt, wie unterschiedlich die Aussagen wahrgenommen werden. Diese Übung könnt ihr immer wieder mit Freunden und/oder Freundinnen machen oder sie auch mal mit den Eltern durchführen.
* Zeichne die Tabelle in dein Heft. Schreibe dort die Aussagen hinein.

1. *„Ich gehe jetzt einkaufen."*

2. *„Ich habe so einen Riesenhunger."*

3. *„Ich habe letzte Nacht ganz schlecht geschlafen."*

4. *„Wir haben schon lange nicht mehr geschmust."*

Kanäle	Sender	Empfänger
	„Ich gehe jetzt einkaufen."	....
	....	....
	....	....
	....	....

Aufgabe:

Was ist wichtig, damit eine gute und deutliche Kommunikation stattfinden kann? Schreibe auf. Für eine gelingende Kommunikation:

* ....
....
* ....
....
* ....
....

! Du wirst dich und deine Mitmenschen besser verstehen und kennenlernen, wenn du dir die vier Kanäle bewusst machst.
Frage nach, wenn du die andere Person verstehen möchtest!

3

Die Geschlechtsorgane

Die Geschlechtsorgane

Hintergrundinformationen

In den ersten beiden Kapiteln konnten die Schüler*innen einiges über sich und ihre Mitschüler*innen erfahren. Auf dieser Grundlage gelingt es den Schüler*innen vermutlich leichter, sich mit der nötigen Gespanntheit, jedoch mehr Gelassenheit auf den nun kommenden Unterrichtsinhalt einzulassen.

Aufgabe der Sexualpädagogik ist es, die Schüler*innen zu befähigen, das nötige Wissen und Vertrauen in sich aufzubauen, sodass sie sich mit sich selbst, mit ihrem Körper und mit ihren Mitmenschen auseinandersetzen können. Hier setzen Sie als sensible und unvoreingenommene Lernbegleiter*in an: Ihre Aufgabe ist es, Wissen zu vermitteln, Vertrauen aufzubauen und Schamgrenzen zu achten und respektieren.

Im Folgenden geht es darum, mit den Schüler*innen einen ähnlichen Wissensstand und eine ähnliche Wortwahl bzgl. der primären Geschlechtsorgane zu erarbeiten. Mögliche Bezeichnungen, die den Schüler*innen geläufig sind, können sein:

Muschi, Mumu, Pussi, Scheide, Vagina, Vulva, Kätzchen, Liebeshöhle, Loch, Schlitz, Büchse, Fotze, Möse, Pflaume, Pfläumchen, Yoni ...	Glied, Penis, Schwanz, Pimmel, Pipimann, Gemächt, Schniepel, Schniedel, Nudel, Flöte, Zauberstab, Johannes, Rute, Lingam ...
Busen, Brust, Möpse, Titten, „Hanni & Nanni“...	

Es ist sinnvoll, sich mit den Schüler*innen auf einen erwünschten Wort- und Sprachgebrauch zu einigen. Im Folgenden werden einheitlich die Begriffe „Penis“, „Vulva“ (für den sichtbaren Teil des Geschlechtsorgans), „Scheide“ oder „Vagina“ (für den innen liegenden Teil des Geschlechtsorgans) und „Brust“ verwendet. Der Begriff „Busen“ bezeichnet korrekterweise insbesondere die Fläche zwischen den Brüsten.

Der Penis ist im Alltag meist weniger schambesetzt als die Vulva. Er wird häufig berührt, verglichen und meist sogar mit Stolz in Verbindung gebracht. Vulva und Vagina sind dagegen auch heute noch stark mit Scham und Unwissenheit besetzt, sie werden nicht angeschaut und schnell wieder „eingepackt“.

Im Schulbedarf gibt es sehr anschauliche Modelle zur Erläuterung der Geschlechtsteile. Diese können im Unterricht Einsatz finden und den Schüler*innen helfen, sich mit der Anatomie auseinanderzusetzen.

Das Wort „Schamlippen“ ist gängig und medizinisch korrekt, doch betont es sehr die Scham bzw. das Sich-Schämen. Daher wird im Folgenden der Begriff „Geschlechtslippen“ verwendet. Vielleicht gelingt es uns mit der Zeit, auch im Alltagssprachgebrauch die Schamlippen in Vulvalippen oder Geschlechtslippen umzubenennen. Ich lade Sie als Lernbegleiter*in dazu ein, diesen Umdenkprozess mitzugestalten und im Unterricht immer wieder auch den Begriff „Geschlechtslippen“ einfließen zu lassen. Ebenso verhält es sich mit dem Begriff „Schamhaare“. Dieser wird auf den Arbeitsblättern und Texten durch die Bezeichnung „Intimhaare“ ersetzt.

„Denn die Art, wie wir über die intimsten Teile unseres Körpers sprechen, ist relevant. Das hat etwas mit Framing zu tun. Kurz erklärt: Um den Sinn eines Wortes zu begreifen, ruft unser Gehirn alles auf, was es mit diesem Wort verbindet. In Bezug auf Schamlippen also: Lippen, Mund, küssen, rot, Scham, schämen, mit diesen Lippen stimmt irgendetwas nicht ... Sprache erschafft den Deutungsrahmen (frame), in dem wir uns bewegen.“

(Quelle: Heinrich Böll Stiftung, Gunda Werner Institut, Feminismus und Geschlechterdemokratie, Dr. Mithu M. Sanyal: Viva la Vulvalippen, https://www.gwi-boell.de/de/2018/11/09/viva-la-vulvalippen), letzter Zugriff: 24.07.2023

Sehr bewusst habe ich zusätzliche Arbeitsblätter über die Klitoris und die Brust angefügt. Um eine gleichwertige Sexualität zu (er-)leben, müssen Mädchen und generell Menschen mit diesen Geschlechtsorganen endlich mehr über ihren Körper wissen. Und Wissen macht nicht nur neugierig, sondern kann auch ein Schutz vor Übergriffen sein!

Ein Thema, welches bei einigen der Schüler*innen aufkommen mag, ist das Thema „Schönheitsoperationen“. Auch hier haben die Medien einen starken Einfluss.
In den Pornos, die Jugendliche heute schon früh konsumieren, werden bewusst Personen ausgesucht, die dem gängigen Vorbild entsprechen bzw. werden sie entsprechend geschminkt, an den Geschlechtsteilen farbig tätowiert oder operiert und die Bilder werden entsprechend nachbearbeitet. Viele Menschen sind mit ihrem Körper nicht zufrieden, da sie auf verschiedenen Kanälen tagtäglich mit Schönheitsidealen konfrontiert werden,

die ein vermeintlich erstrebenswertes Körperbild vorgaukeln. An dieser Unzufriedenheit setzt die Schönheitsindustrie an. Ob Nervengift (z. B. „Botox") gegen Falten, Brustveränderung, Geschlechtslippenanpassung, Brusthaartoupet oder Hodensackangleichung. Alle Operationen sind mit finanziellem Aufwand und einem gesundheitlichen Risiko verbunden. In Einzelfällen mag die eine oder andere Operation sinnvoll sein, doch die meisten stellen Nachbesserungen dar, wo Mutter Natur vermeintlich „Fehler" gemacht hat. In einem Unterrichtsgespräch kann dieses Thema bearbeitet und kursierende Schönheitsideale aufgearbeitet werden.

Genitalverstümmelung/Beschneidung der Vulva

In vielen Weltgegenden werden nach wie vor Genitalverstümmelungen an Frauen, Mädchen und anderen Personen mit Vulva vorgenommen. In Deutschland ist diese Praxis verboten und gilt als Körperverletzung. Dennoch gibt es immer wieder beschnittene Schüler*innen, die körperlich, gesundheitlich und psychisch unter der Beschneidung leiden und traumatisiert sind. Geschätzt leben weltweit etwa 200 Millionen betroffene Personen, jährlich kommen ca. 3 Millionen hinzu.

Bei der Beschneidung der Vulva werden die Klitoris und teilweise auch die Geschlechtslippen entfernt und manchmal auch der Scheideneingang sehr verengt zugenäht. Es herrscht häufig der Irrglaube, dass beschnittene Frauen sauberer seien und dass nur sie Kinder gebären können. In Wirklichkeit leiden viele schon bei jedem Wasserlassen unter starken Schmerzen und erst recht an Schmerzen beim Geschlechtsverkehr und bei der Geburt. In einigen Fällen ist den Betroffenen nicht klar, dass die Verstümmelung Grund für die Probleme ist bzw. dass dieser Zustand nicht normal ist.

Beschneidung der Vorhaut

Schätzungsweise sind weltweit bis zu 39 % der Menschen mit Penis aus religiösen, hygienischen oder medizinischen Gründen beschnitten. Bei der Beschneidung wird die Vorhaut vollständig oder teilweise entfernt, sodass die Eichel frei liegt. Bei einer ärztlich durchgeführten Beschneidung kommt es seltener zu schwerwiegenden Schäden. Jedoch ist die Beschneidung als Routineeingriff besonders bei Minderjährigen umstritten, da sie den Körper irreversibel verändert und nicht im Einklang mit Gesundheitsschutz und Kindeswohl steht. Die Beschneidung kann sich auf die Sensibilität der Eichel auswirken, vor allem dann, wenn sie erst im Erwachsenenalter durchgeführt wurde.

Übersicht der Unterrichtsmaterialien

- 3 verschiedenfarbige Plakate in den Farben Rot, Blau und Orange und Befestigungsmaterial
- Knetmasse
- ggf. Schulmodelle der Geschlechtsorgane
- ggf. Klitoris-Modell (3D Klitorismodell, Vulva mit herausnehmbarer Klitoris, z.B. von Yonique)
- ggf. Materialien für das Modell von Vagina/Uterus: 2 Strohhalme, ein großer Luftballon, 2 Wasserbombenluftballons oder Styroporeier, 1 Gummiband, Klebefilm
- ggf. Doku „Mythos Jungfernhäutchen" (BR/MDR/rbb in der ARD Mediathek) als Informationsgrundlage in Verbindung mit AB 3.7
- AB 3.1 Der Körper verändert sich in der Pubertät (→ S. 55)
- AB 3.2 a Die Geschlechtsorgane (Seitenansicht) (→ S. 56)
- AB 3.2 b Die Geschlechtsorgane (Frontansicht) (→ S. 57)
- AB 3.3 Der Penis (→ S. 58)
- AB 3.4 a Die Geschlechtsorgane (Infotext) (→ S. 59)
- AB 3.4 b Die Geschlechtsorgane (Abbildungen) (→ S. 60)
- AB 3.5 Die Vulva (→ S. 61)
- AB 3.6 Die Brust (→ S. 62)
- AB 3.7 Die weiblichen Geschlechtsorgane (→ S. 63–66 → für leistungsstärkere Schüler*innen)
- AB 3.8 Die männlichen Geschlechtsorgane (→ S. 67–70 → für leistungsstärkere Schüler*innen)
- AB 3.9 Die Klitoris (→ im Download)

Die Geschlechtsorgane

Einstieg

Hängen Sie zum Einstieg drei Plakate im Klassenraum auf, auf denen jeweils in der Mitte „Penis", „Vulva/Vagina" und „Brust" steht. Die Schüler*innen dürfen dort nun alle (umgangssprachlichen) Begriffe aufschreiben, die sie für diese Körperteile kennen. Ein „Dalli klick"-Bild zu den Geschlechtsorganen kann hierbei unterstützend wirken. Dazu wird ein Bild mit Kacheln überdeckt und mit einer Dokumentenkamera an die Wand projiziert. Nach und nach werden die Kacheln aufgedeckt und das Bild wird freigegeben. Verwenden Sie dazu z. B. die Arbeitsblätter AB 3.2 a Die Geschlechtsorgane (Seitenansicht) (→ S. 56) und AB 3.2 b Die Geschlechtsorgane (Frontansicht) (→ S. 57).

Erarbeitung & Sicherung

Im weiteren Verlauf bilden die Schüler*innen die Geschlechtsteile mit Knetmasse nach. Uterus und Vagina können anhand der folgenden Anleitung nachgebaut werden:

Materialien: 2 Strohhalme, ein großer Luftballon, 2 Wasserbombenluftballons oder Styroporeier, 1 Gummiband, Klebefilm/Klebstoff
An die Enden der beiden Strohhalme (Eileiter) werden die mit etwas Luft gefüllten Miniluftballons/Styroporeier (Eierstöcke) angeklebt/hineingesteckt. Die Strohhalme werden an das obere Ende des leicht aufgeblasenen großen Luftballons (Gebärmutter) geklebt. Um den Luftballonhals wird ein Gummiband gelegt (Gebärmutterhals und Übergang zur Vagina). Der Knoten des großen Luftballons entspricht der Scheidenöffnung.

Anhand der AB 3.1 bis AB 3.9 (→ S. 55–70) können sich die Schüler*innen Informationen über die Geschlechtsorgane auf verschiedenen Schwierigkeitsstufen erarbeiten. Die Bearbeitung oder Sicherung der Arbeitsblätter kann im Klassenverband, in der Vertrauensgruppe oder auch in Einzelarbeit stattfinden. Anhand der farblichen Gestaltung einiger Organe auf dem AB 3.2 a Die Geschlechtsorgane (Seitenansicht) (→ S. 56) erfahren die Schüler*innen, dass Menschen unterschiedlichen Geschlechts auch im Genitalbereich viele Gemeinsamkeiten haben.

Neben der theoretischen Informationen ist auch das Kennenlernen und die Akzeptanz der eigenen Körper wichtig. Vermitteln Sie den Schüler*innen, dass es völlig normal ist, wenn sich sie sich zu Hause ihre Geschlechtsorgane z. B. auch in unterschiedlichen (Erregungs-)Zuständen mit dem Spiegel genauer anschauen. Bei der BzgA können die Schüler*innen kostenfrei ein Penismaßband (Kondometer) erhalten, mit dem sich die richtige Kondomgröße ermitteln lässt.

Name .... Datum .... AB 1

Der Körper verändert sich in der Pubertät

Ungefähr ab dem 15. Lebensjahr wachsen bei Jugendlichen vermehrt Körperhaare. Auch der Bartwuchs beginnt in diesem Alter. Die Achselhaare und Brusthaare beginnen, zu wachsen. Auch die Brust fängt an, größer zu werden. Um den Penis und die Vulva wachsen Intimhaare. Jeder Körper ist individuell unterschiedlich.

Aufgabe:
Schreibe die Begriffe in die passenden Kästchen.

Penis, Brust, Vulva, Brusthaare, Achselhaare, Intimhaare

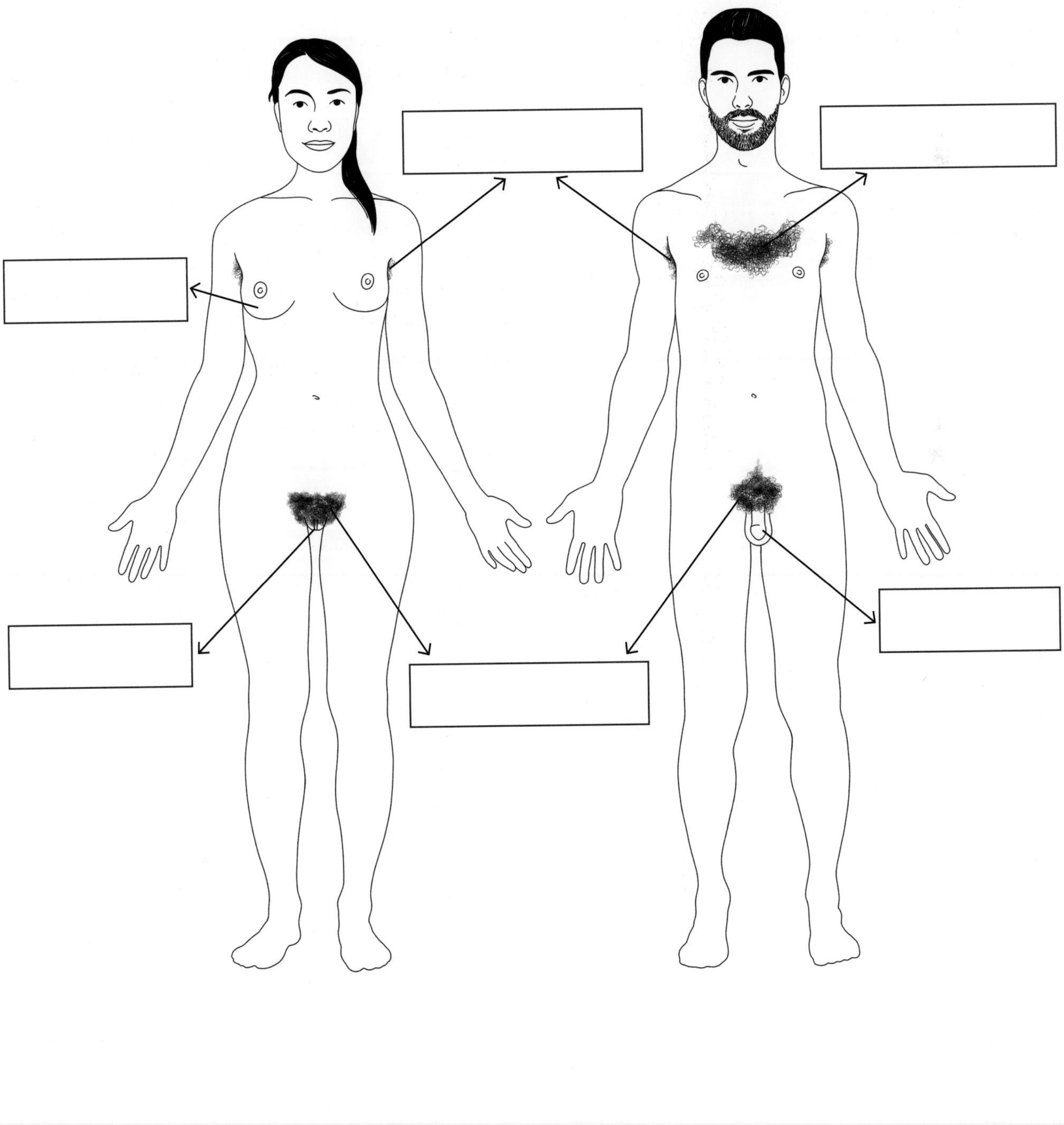

Name .... Datum .... AB 2a

Die Geschlechtsorgane (Seitenansicht)

Aufgaben:

* Ordne die Begriffe „Geschlechtsorgane der biologischen Frau" und „Geschlechtsorgane des biologischen Mannes" den Abbildungen zu.
* Verbinde die Begriffe mit den Abbildungen.
* Male an. Blase: rot, Eierstöcke/Hoden: lila, Schwellkörper und Eichel: grün

....

....

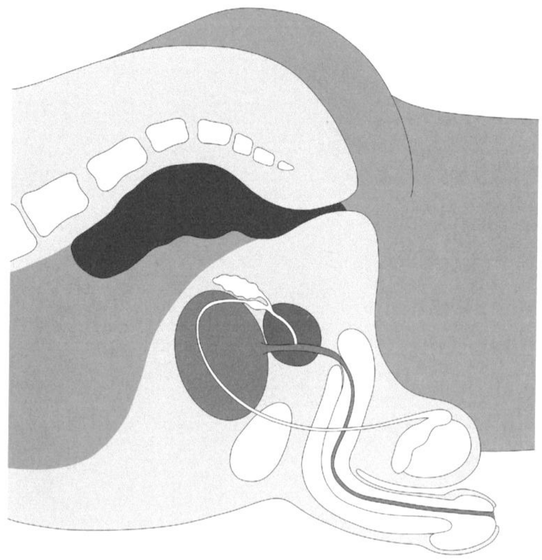

Eileiter
Eierstock
Gebärmutter
Klitoris
Scheide
innere und äußere Geschlechtslippen
Bläschendrüse
Prostata
Schwellkörper
Eichel
Nebenhoden
Penis
Hoden
Hodensack
Samenleiter
Harnblase
Harnröhre
After
Darm

....

....

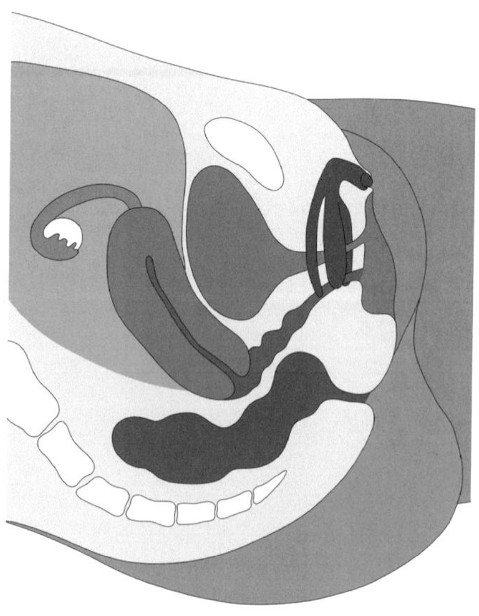

Name .... Datum .... AB 2 b

Die Geschlechtsorgane (Frontansicht)

Aufgabe:

✱ Trage die Begriffe ein:

Eileiter, Eierstöcke, Gebärmutter, Vagina, Bläschendrüse, Gebärmutterhals, Vorsteherdrüse/Prostata, Samenleiter, Muttermund, Harnröhre, Nebenhoden, Hoden, Geschlechtsorgane der biologischen Frau, Geschlechtsorgane des biologischen Mannes

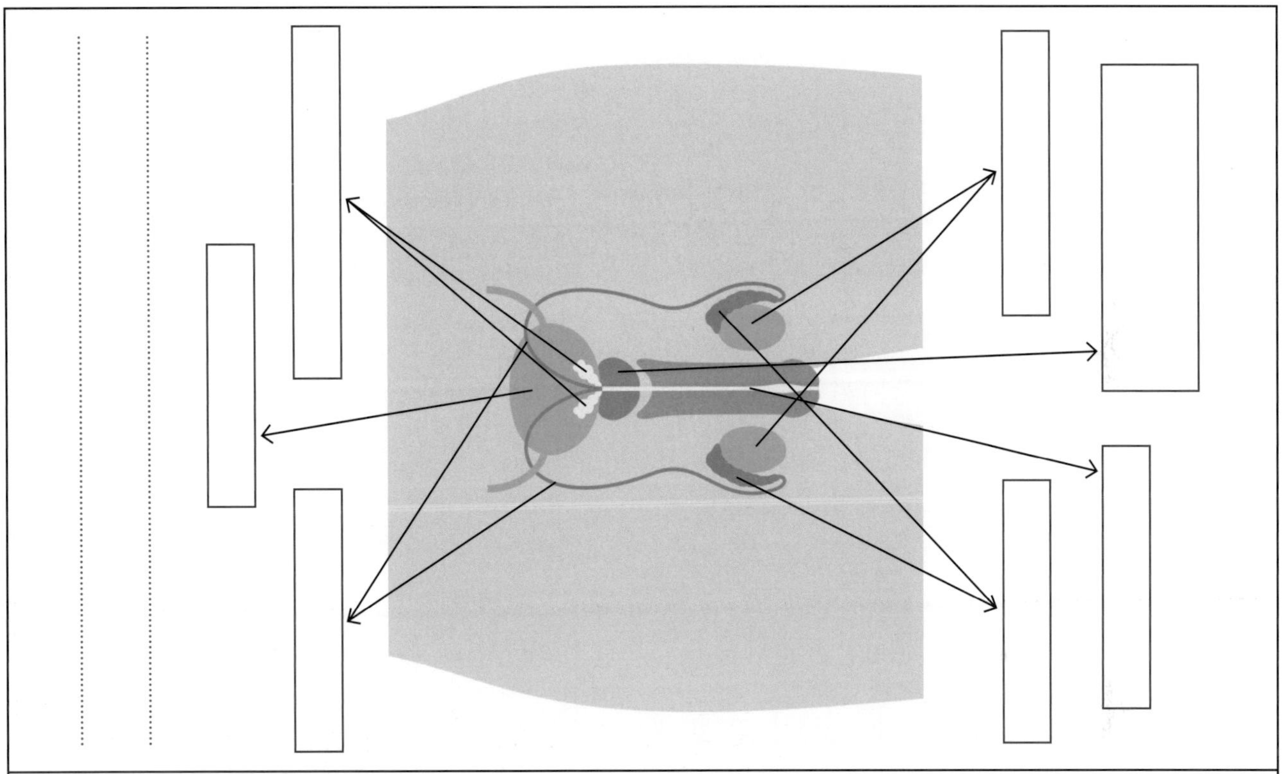

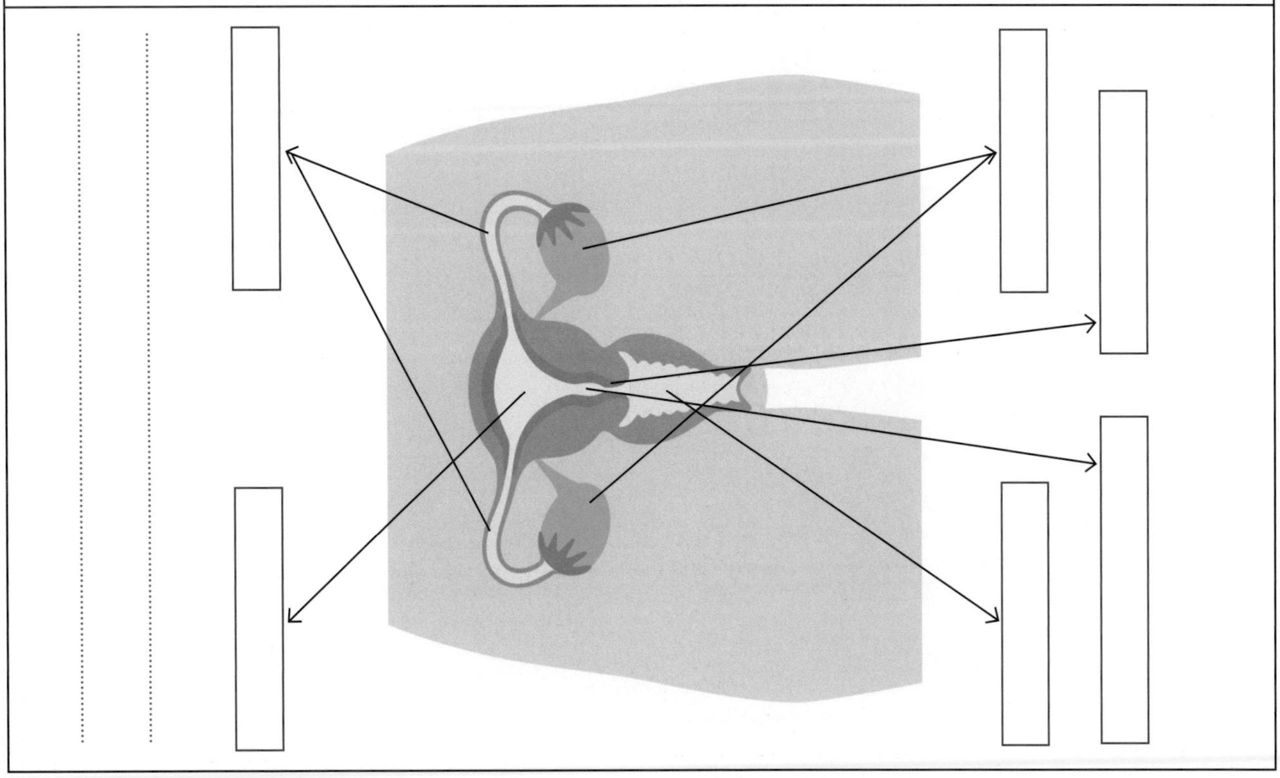

Name	Datum	AB 3

Der Penis

Aufgabe:

* Beschrifte die Abbildungen.

Begriffe: Penis, Vorhaut, Eichel, Hodensack, Intimhaare
Die Vorhaut ist vorgezogen. Die Eichel ist nicht zu sehen.
Die Vorhaut ist zurückgezogen. Die Eichel ist zu sehen.

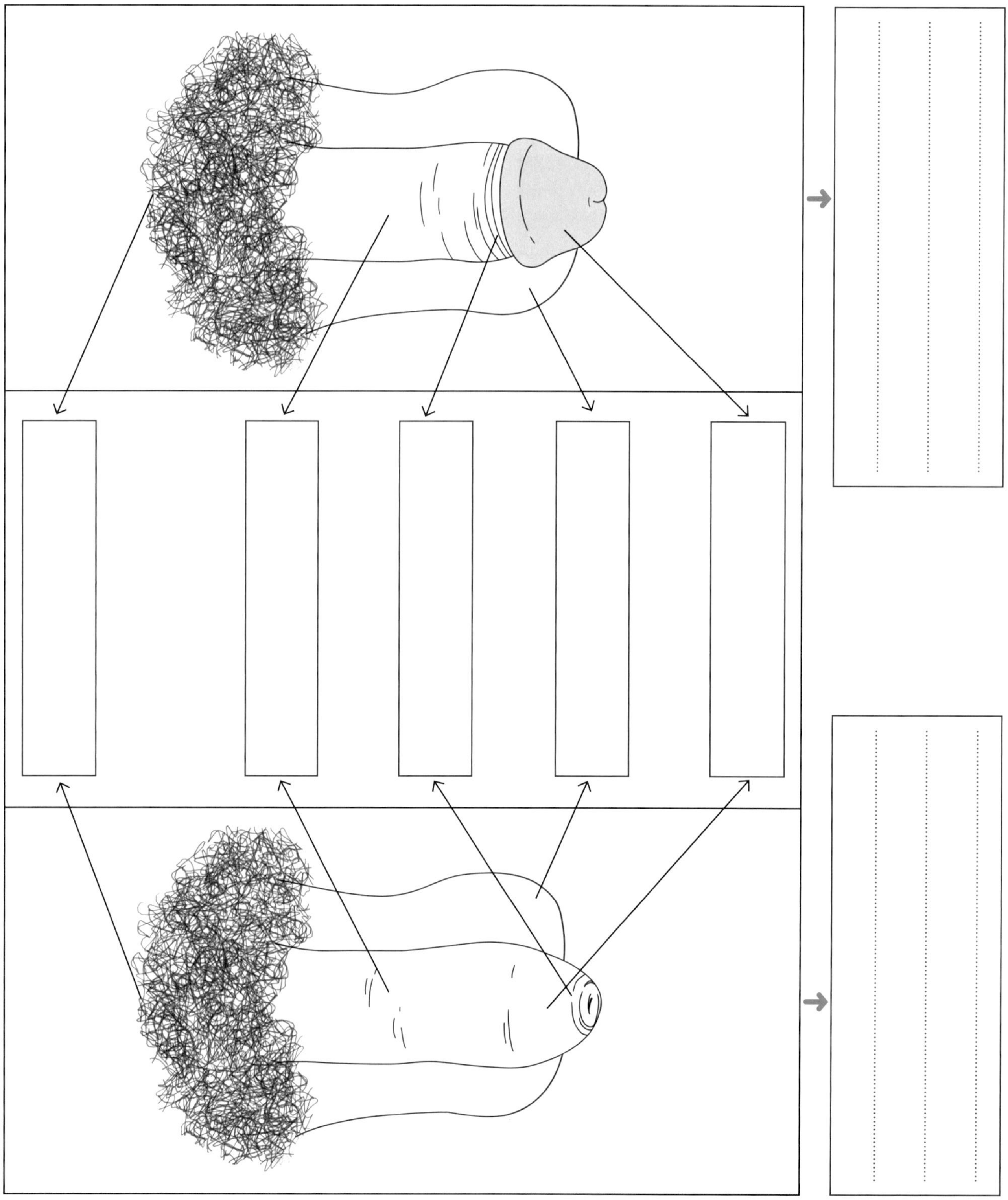

Name .... Datum .... AB 4 a

Die Geschlechtsorgane (Infotext)

Die Geschlechtsorgane sehen bei allen Menschen unterschiedlich aus.

Aufgaben:

* Lies die Texte durch. Fülle die Lücken aus und beschrifte die Abbildungen mit den Begriffen.
* Male die Organe farbig an.
* Blase: rot, Eierstöcke/Hoden: lila, Klitoris/Schwellkörper: grün

Infotext zu Penis und Hoden:

Der vordere Teil des .... wird .... genannt. Die Haut, die meist vor der Eichel liegt, heißt .... Der .... befindet sich hinter dem Penis. Im Hodensack liegen die beiden .... In den beiden Hoden werden jeden Tag ca. 500 Millionen .... / .... gebildet. In den .... entwickeln sie sich noch 45 Tage weiter. Beim Samenerguss werden die Spermien über die .... bis in die .... transportiert. Eine Samenzelle sieht ein bisschen aus wie eine winzige Kaulquappe mit einem .... teil, ... teil und .... teil.

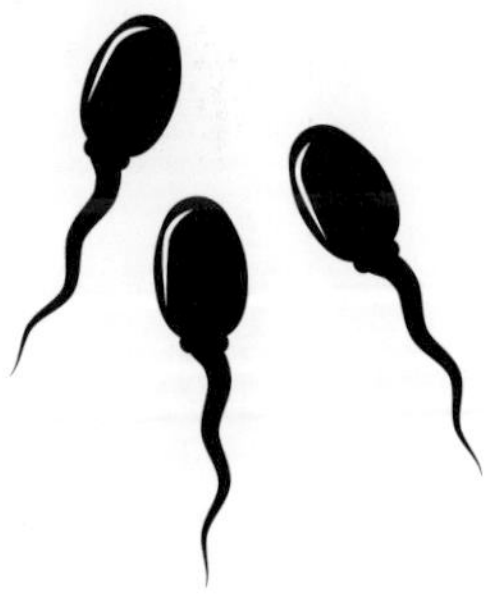

Begriffe: Vorhaut, Eichel, Hodensack, Penis, Samenleiter, Nebenhoden, Samenzellen, Spermien, Hoden, Harnröhre, Schwanz-, Mittel-, Kopf-

Infotext zur Vulva:

Der äußere Teil des biologisch weiblichen Geschlechtsorgans wird .... genannt. Der Eingang der Scheide/Vagina wird von den .... geschützt. Die .... / .... führt im inneren des Körpers zum .... , an den sich der .... und die .... anschließen. Die .... verbinden die .... mit der Gebärmutter. Ungefähr einmal im Monat reift, meist abwechselnd, im linken oder rechten Eierstock eine .... heran.

Begriffe: Gebärmutterhals, Vulva, Scheide/Vagina, Geschlechtslippen, Gebärmutter, Eileiter, Eierstöcke, Eizelle, Muttermund

Name .... Datum .... AB 4 b

Die Geschlechtsorgane (Abbildungen)

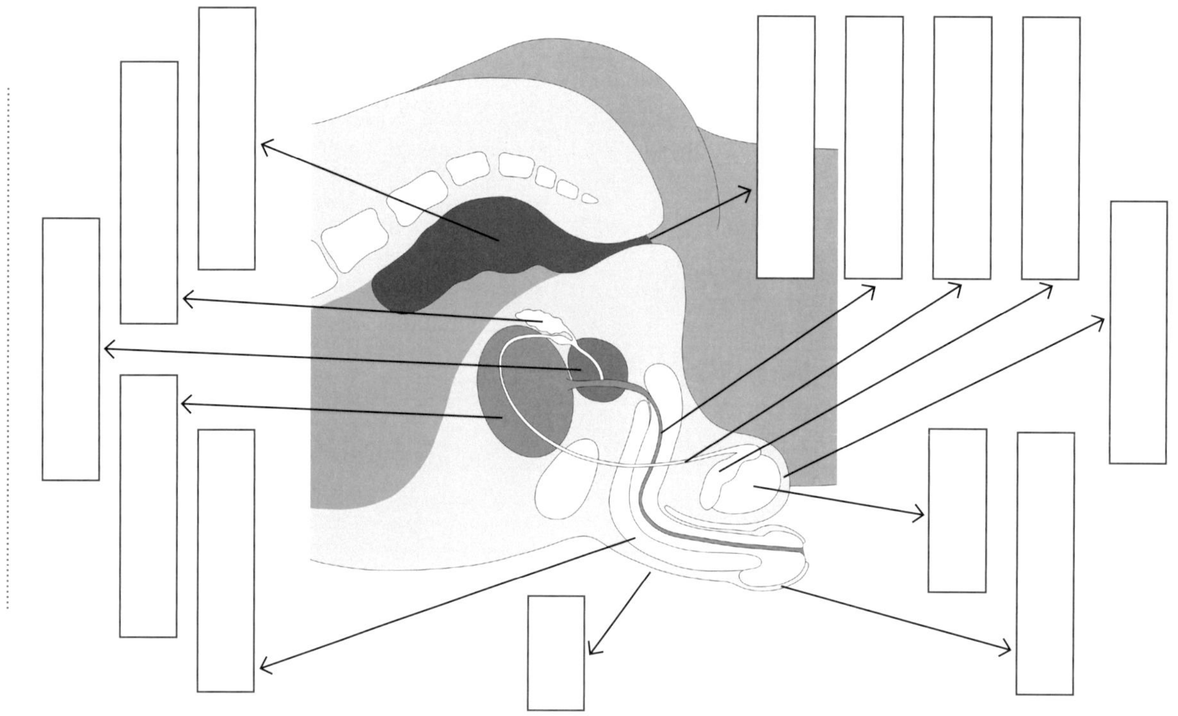

Eileiter
Eierstock
Gebärmutter
Klitoris
Scheide
innere und äußere Geschlechtslippen
Bläschendrüse
Prostata
Schwellkörper
Eichel
Nebenhoden
Penis
Hoden
Hodensack
Samenleiter
Harnblase
Harnröhre
After
Darm

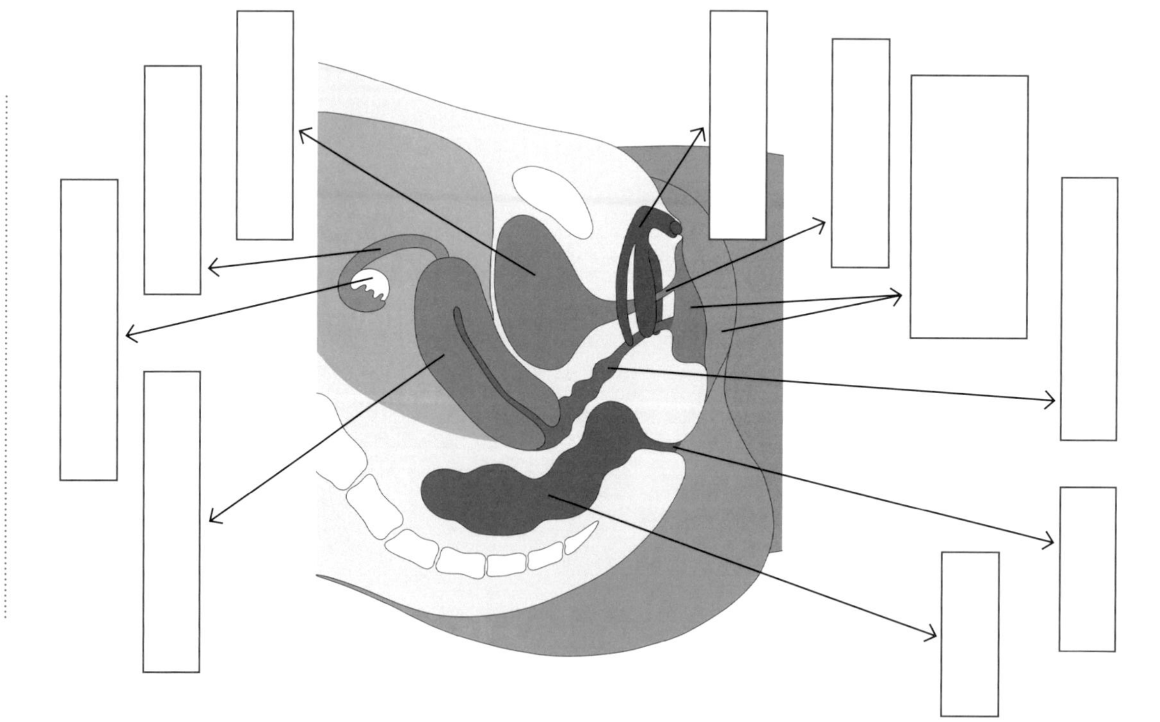

Name	Datum	AB 5

Die Vulva

Aufgabe:

* Beschrifte die Abbildung.

Begriffe: Intimhaare, Klitorisperle/Kitzler, äußere Geschlechtslippen, innere Geschlechtslippen, Scheidenöffnung, Harnröhrenöffnung, Darmöffnung/After, Oberschenkel

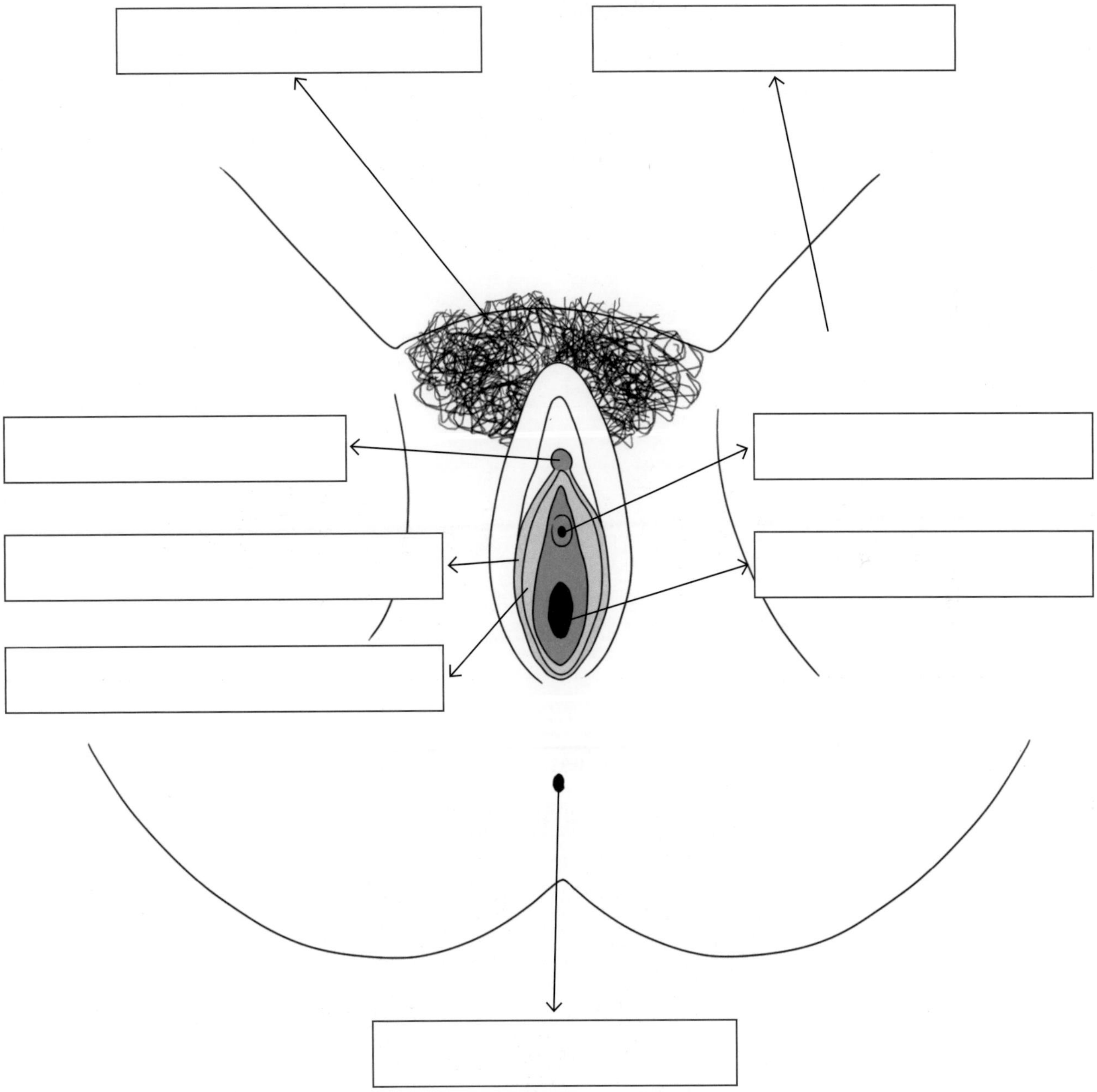

Die Brust

Aufgabe:
Beschrifte die Abbildungen mit folgenden Begriffen:

Brustwarze, Warzenhof, Brustdrüsen, Milchgänge, Fettgewebe

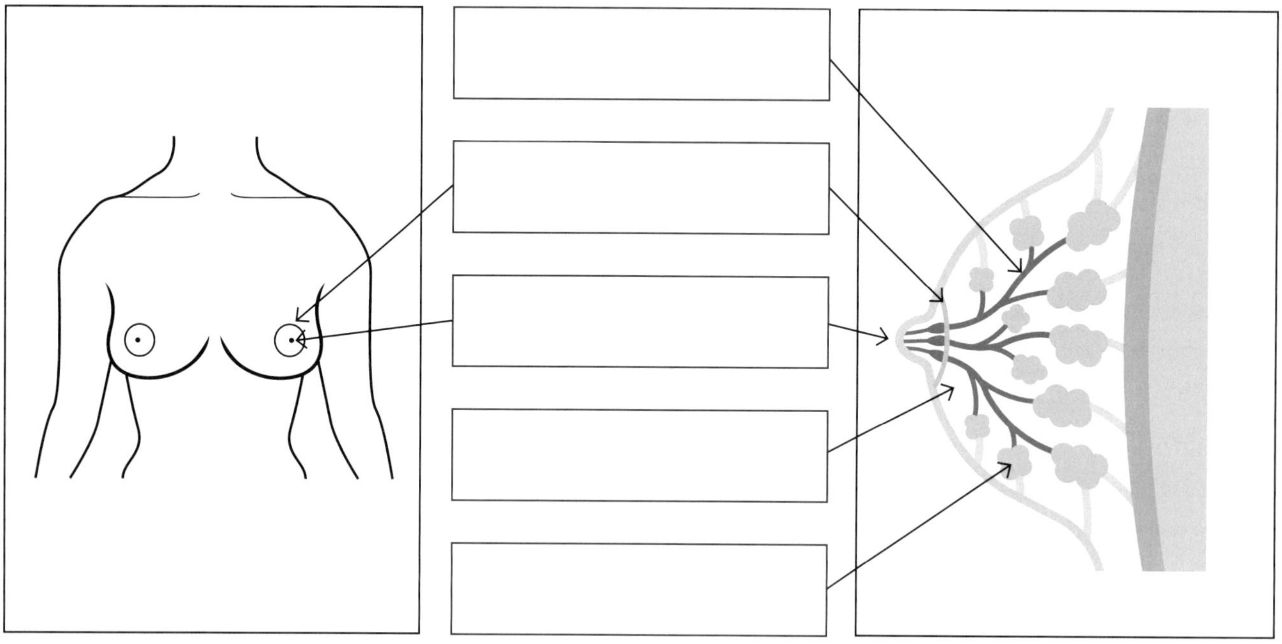

Aufgabe:
Fülle den Text aus.

Begriffe: Fettgewebe, Warze, Warzenhof, Milchdrüsen, Milchgänge, unterschiedlich, Milchdrüsen

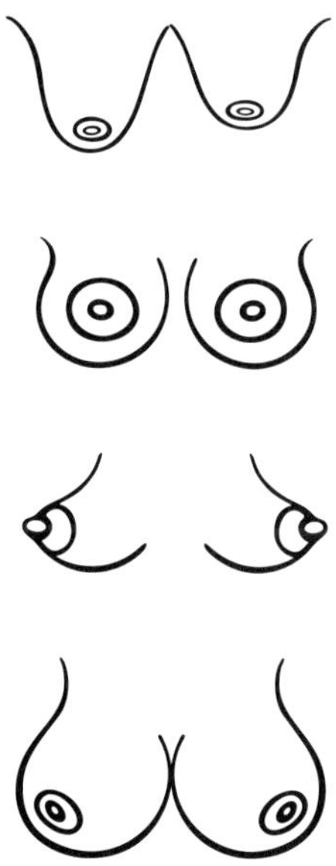

Die Brüste können sehr unterschiedlich aussehen. Die Form der Brüste ist vom eingelagerten .... abhängig, von den genetischen Voraussetzungen und vom Alter. Die Brust hat eine .... und einen .... In der Pubertät entwickeln sich die .... Das kann kribbeln oder stechen. Beim Stillen wird die Milch von den .... durch die .... zur Brustwarze geleitet.
Es ist ganz normal, dass die Brüste in der Pubertät .... schnell wachsen.

Die weiblichen Geschlechtsorgane (1/4)

Aufgabe:

✱ Lies den Text genau durch und markiere folgende Wörter:

Harnröhre, Vulva, Vagina, Geschlechtslippen, Gebärmutter, Muttermund, Lustzone, Kitzler, Eizellen, Hymen

✱ Sprich über die Inhalte des Textes mit einer Klassenkameradin/einem Klassenkameraden.

Das weibliche Geschlechtsorgan von außen wird *Vulva* genannt. Die Vulva umfasst die inneren und äußeren Geschlechtslippen, die Harnröhrenöffnung, das Hymen (früher „Jungfernhäutchen" genannt) und die Klitoris. Die Vulva ist von Intimhaaren, die meist gekräuselt sind, umgegeben. Vulven können ganz unterschiedlich aussehen. In manchen Weltgegenden gibt es die Tradition der Beschneidung der Vulva. Dabei werden z. B. die Klitoris oder Teile der Geschlechtslippen entfernt. Dieser Eingriff ist bei uns verboten. Er hat meist schlimme Folgen, wie dauerhafte Schmerzen oder Probleme beim Wasserlassen oder bei der Geburt.

Die Haut im Intimbereich ist sehr empfindlich. Generell mag die Vulva nur sanfte, seifenfreie oder besser keine Duschmittel, da durch diese die sogenannte *Scheidenflora* gestört werden kann. Dadurch kann die Scheide anfälliger für Infektionen sein.

Das Hymen ist eine dünne Hautfalte, die den Scheideneingang umrahmt und teilweise überdeckt. Beim ersten Geschlechtsverkehr oder Einführen von z. B. Fingern dehnt sich das Hymen. Allerdings kann man am Hymen nicht feststellen, ob schon einmal Geschlechtsverkehr stattgefunden hat.

Am bauchseitigen Ende der Geschlechtslippen ist eine besonders auffallende Hautverhärtung. Sie wird *Klitorisperle* oder Kitzler genannt. Sie ist ungefähr so groß wie eine Erbse und sensibler als die Eichel des Penises.

Zu den inneren Geschlechtsorganen gehören: die Vagina, die Klitorisschenkel, die weibliche Prostata, die Gebärmutter, die Eierstöcke, die Harnröhre und die Beckenbodenmuskulatur.

Die G-Zone ist ein Bereich ungefähr 2–5 cm an der inneren Vaginawand in Richtung Bauchdecke. Dieser Bereich fühlt sich leicht geriffelt an und ist eine Lustzone.

Die weiblichen Geschlechtsorgane (2/4)

Die Vagina bzw. Scheide verbindet die Scheidenöffnung mit dem Muttermund. Sie ist muskulös, flexibel, dehnbar und ungefähr 12 cm lang. Die Vagina geht in den Muttermund über.

Die *Gebärmutter* oder *Uterus* hat ungefähr die Größe und Form einer umgedrehten Birne. Die Wände bestehen aus starken Muskeln. In der Gebärmutter nistet sich die befruchtete Eizelle in den Gebärmutterschleim ein. Das Baby wächst hier heran. Das Ungeborene wird in der Gebärmutter durch die Nabelschnur und die *Plazenta*, den sogenannten Mutterkuchen, versorgt. Diesen bildet der mütterliche Körper zu Beginn der Schwangerschaft. Bei der Geburt bewirkt die Gebärmutter, dass das Kind ausgetrieben wird. Das untere Ende der Gebärmutter wird *Muttermund* genannt. Der Muttermund geht nach unten in die Scheide/Vagina über. Je nach Zeitpunkt im Zyklus liegt der Muttermund tiefer im Becken oder weiter oben.

In den *Eierstöcken* reifen die *Eizellen* heran. Eine Eizelle besteht aus einer Zellwand, einem Zellkern und der Zellflüssigkeit. Schon bei der Geburt sind in den Eierstöcken 400–500 Tausend Eizellen vorhanden. Ab dem Einsetzen der Pubertät reift normalerweise ungefähr alle 28 Tage ein neues Ei heran. Beim Eisprung springt das Ei in den *Eileitertrichter*. Es wandert durch den 15 bis 20 cm langen Eileiter und wird von dort in die *Gebärmutter* transportiert. Wenn das Ei nicht befruchtet wird, wandert es weiter in Richtung Scheidenausgang. Der *Gebärmutterschleim* geht als Regelblutung ab.

Die weibliche Brust

Brüste können unterschiedlich aussehen: groß, klein, beide Brüste unterschiedlich groß und verschieden geformt. Alles darf so sein, wie es ist. Die Brüste haben im Schnitt mit dem 15. Lebensjahr ihre volle Größe erreicht. Anhand der Brustgröße (Körbchengröße) und des Oberkörperumfangs in Zentimetern lässt sich die BH-Größe bestimmen. Die Körbchengröße wird mit Buchstaben aus dem Alphabet bezeichnet (von AA bis F und bei sehr großen Brüsten auch darüber hinaus).
Die Brust besteht aus Binde- und Fettgewebe. Die Brust hat eine *Brustwarze* und einen *Warzenhof*. Die Farbe des Warzenhofs und der Brustwarze kann von schwarz über braun, rötlich oder rosafarben variieren. Beim Stillen wird von den Brustdrüsen die Milch durch die Milchgänge zur Brustwarze geleitet. Auch die Größe der Brustwarzen ist sehr unterschiedlich. Die Brustwarzen vergrößern sich nach der Geburt eines Babys. Die Brustwarze ist sehr empfindlich. Die Hauptaufgabe der Brust ist die Milchproduktion in der Schwangerschaft und nach der Geburt eines Kindes.

Die weiblichen Geschlechtsorgane (3/4)

Aufgabe:

Beschrifte die Abbildungen.

Lösung:*

Begriffe: Eierstöcke/Eierstock, Eileiter, Vagina, Gebärmutter, Harnröhre, Vagina/Scheide, Klitoris, Harnblase, innere und äußere Geschlechtslippen, Eizelle, Zellwand, Zellkern, Zellflüssigkeit

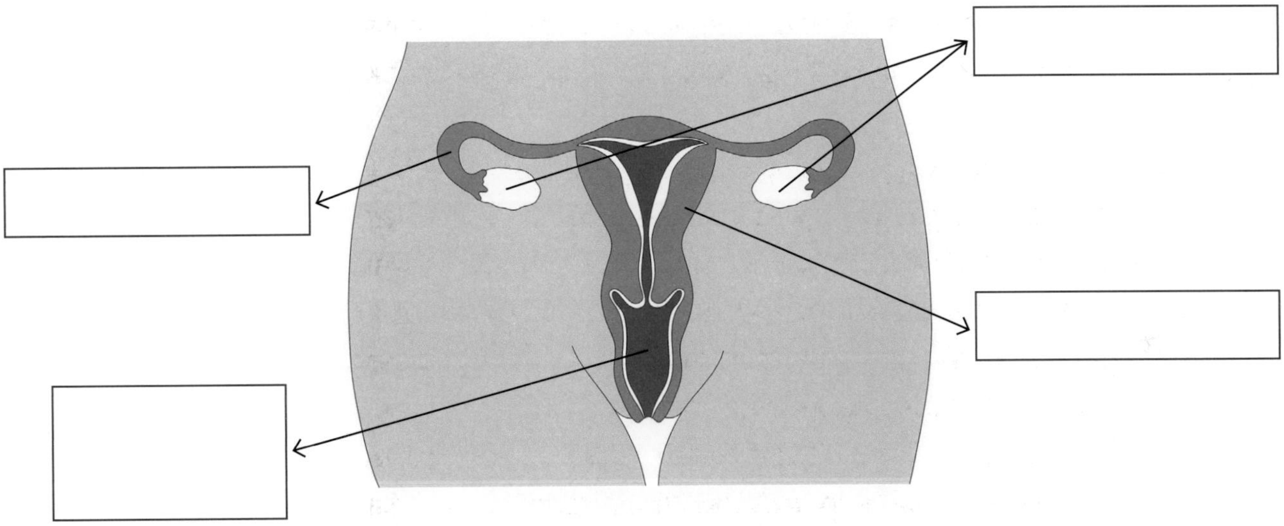

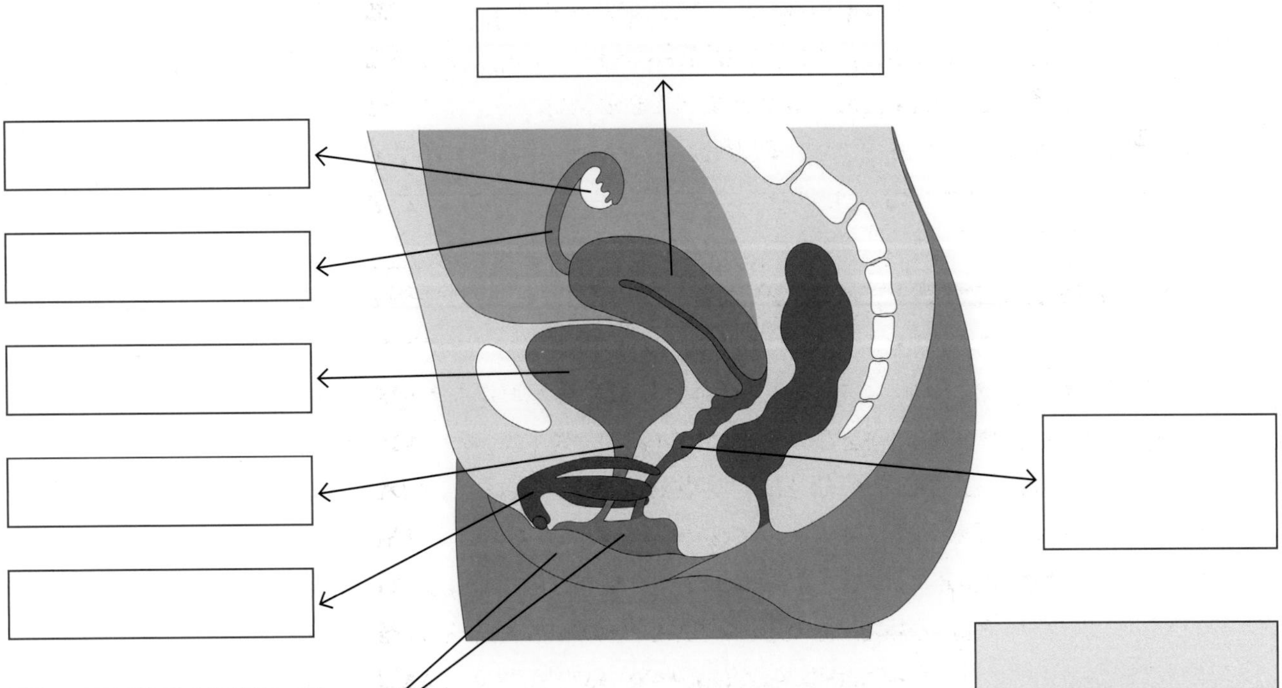

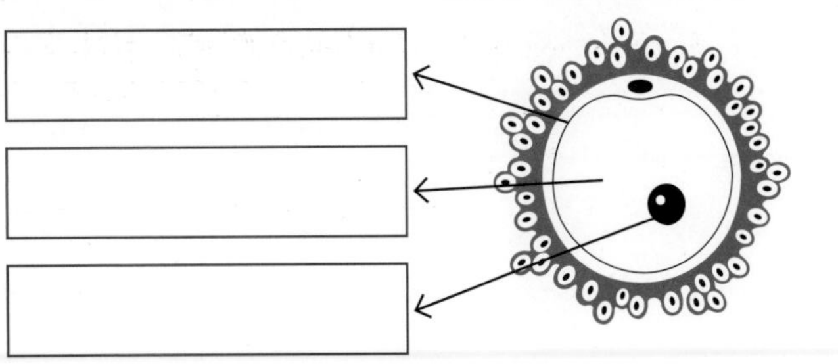

*Download-Link: https://cloud.verlagruhr.de/lerninhalt/cvSJSxMn9f01/

Name .... Datum .... AB 7

Die weiblichen Geschlechtsorgane (4/4)

Aufgaben:

* Lies die Texte zu den weiblichen Geschlechtsorganen. Beantworte die Fragen und fülle die Lücken aus.

Was ist die Aufgabe der ...

Gebärmutter: ....

....

Eierstöcke: ....

....

Eileiter: ....

....

Brust: ....

....

1. Wie wird das äußere weibliche Geschlechtsorgan genannt? ....
2. Der Eingang der Vulva wird von den .... umgeben.
3. Das Ungeborene wächst in der .... heran.
4. Das untere Ende der Gebärmutter ist der ....
5. Die G-Zone ist eine ....
6. Die Klitoris wird auch .... genannt.
7. In den Eierstöcken reifen die .... heran.
8. Die dünne Hautfalte am Scheideneingang heißt ....

Name .... Datum .... AB 8

Die männlichen Geschlechtsorgane (1/4)

Aufgabe:

✱ Lies den Text genau durch und markiere folgende Wörter:

Hodensack, Eichel, Eichelkranz, Prostata/Vorsteherdrüse, Schwellkörper, Ejakulat, Keimzelle, Spermien, Testosteron, Samenflüssigkeit

✱ Sprich über die Inhalte des Textes mit einer Klassenkameradin/einem Klassenkameraden.

Der äußerlich sichtbare Teil des männlichen Geschlechtsorgans besteht aus Penis und Hodensack. Penisse sind unterschiedlich groß. Im Durchschnitt ist ein erigierter Penis ca. 13 cm lang und nicht erigiert im Schnitt ca. 9 cm lang.

Mit ungefähr dem 15. Lebensjahr ist der Penis ausgewachsen.

Die *Penishaut* kann hellrosa bis schwarz sein. Durch das Anschwellen der Schwellkörper wird der Penis steif (erigiert). Wenn der Penis erigiert ist, ist er dunkler, da Blut durch die Adern fließt. Manche Penisse sind nicht ganz gerade, vor allem im erregten Zustand. Das liegt daran, dass die *Schwellkörper* sich unterschiedlich mit Blut füllen und den Penis dann krumm legen.

Der vordere Teil des Penis heißt *Eichel*. Die Eichel wird bei unbeschnittenen Penissen durch die Vorhaut verdeckt. Die *Vorhaut* schützt die sensible Eichel.

Am oberen Ende der Eichel sitzt der *Eichelkranz*. Manchmal sind am Eichelkranz erhabene Punkte, die Hornzipfel, die völlig harmlos sind. Die Eichel ist sehr empfindlich und kann zu schönen Erregungszuständen führen. Manchmal wird die Vorhaut aus religiösen oder medizinischen Gründen entfernt. Das nennt man Beschneidung. Die Eichel kann dadurch weniger empfindlich sein. Um den Penis und den Hodensack wachsen Intimhaare, die meist gekräuselt sind.

Die Haut des Penis und des Hodensacks ist sehr flexibel, empfindlich und dünn. Der Hodensack ist ein Hautsack, der ganz unterschiedlich aussehen kann. Das ist völlig normal und darf so sein, wie es ist. Im Hodensack befinden sich *zwei Hoden*. Diese taubeneigroßen, eiförmigen Organe liegen in jeweils einer Kammer. Der Hodensack steuert durch das An- und Entspannen, ob die Hoden näher am Körper sind oder weiter weg. Das ist wichtig, damit die Spermien immer die richtige Temperatur haben. Diese liegt bei 35 Grad. Die Spermien mögen es immer gleich warm und vor allem nicht zu warm.

Die männlichen Geschlechtsorgane (2/4)

In den Hoden wird das Hormon *Testosteron* gebildet. Dieses Hormon ist z. B. für Lust und auch Aggressivität zuständig.
Außerdem werden im Hoden die *Spermien* bzw. *Samenzellen* gebildet. Die Entwicklung der Spermien beginnt in der Pubertät. Es sind ungefähr 100 Millionen Samenzellen, die täglich produziert werden. Pro Sekunde können es bis zu 1500 sein. In den Nebenhoden reifen sie in 45 Tagen zu einer Länge von 0,06 mm. Von dort werden sie bei einem Samenerguss durch Muskelanspannung in den Samenleiter weitergeleitet. Der gesamte Entwicklungs- und Reifeprozess der Spermien dauert ungefähr drei Monate. Die Samenflüssigkeit gelangt durch die *Harn-Spermien-Röhre*, die zugleich auch der Harnleiter ist, beim steifen Penis nach außen.
Der Penis wird aufgrund der Schwellkörper bei Erregung steif. Wenn der Penis steif ist, kann man nicht pinkeln!
Die *Samenflüssigkeit* (Ejakulat) kann weiß, grau oder gelblich sein, sie kann flüssig oder gelartig sein. Sie schmeckt unterschiedlich. Der Geschmack der Samenflüssigkeit wird durch das, was man isst, mit beeinflusst.
Bei einem *Samenerguss* spritzt ungefähr ein Teelöffel Samenflüssigkeit heraus. Darin schwimmen zwischen 30 bis 600 Millionen Spermien. Die Samenflüssigkeit besteht aus Spermien, Flüssigkeiten von Samenblase/Bläschendrüse und Prostata. In der Samenflüssigkeit ist auch Fruktose, also Zucker, enthalten. Spermien können zwischen 72 Stunden und 5 Tagen in der Vagina überleben! Deswegen sollte man nur ungeschützten Geschlechtsverkehr haben, wenn man ein Baby bekommen möchte.

Die *Prostata/Vorsteherdrüse* sieht ungefähr so aus wie eine Kastanie. In dieser Drüse wird etwa ein Viertel der Samenflüssigkeit produziert. Kurz vor dem Samenerguss wird die Flüssigkeit in die Harnröhre gestoßen und den Spermien beigemischt. Die Prostata kann durch den Anus stimuliert werden, was viele als sehr erregend empfinden.

Die *Bläschendrüse/Samenblase* produziert ungefähr die Hälfte des Ejakulats. Sie sorgt für die Energieversorgung der Spermien. Der Bereich zwischen Hodensack und Anus/After wird Damm genannt. Es ist die innere Verlängerung des Penis. Manche finden es sehr erregend, wenn dieser Bereich gestreichelt wird.

Ein *Spermium/eine Samenzelle* ist eine Keimzelle. Sie hat einen Schwanzteil, einen Mittelteil und einen Kopfteil. Durch den Schwanz ist das Spermium beweglich. Im Kopfteil befindet sich der Zellkern mit den Erbanlagen (Chromosomen). Das Kopfteil dringt bei einer Befruchtung in den Kern der Eizelle ein. Durch die Vereinigung von Eizelle und Samenzelle kann neues Leben entstehen.

Name .... Datum .... AB 8

Die männlichen Geschlechtsorgane (3/4)

Aufgabe:
Beschrifte die Abbildungen.

Begriffe: Harnblase, Bläschendrüse/Samenblase, Hoden, Nebenhoden, Penis, Hodensack, Prostata/Vorsteherdrüse, Vorhaut, Harnröhre, Samenleiter, Schwellkörper, Spermium/Samenzelle, Kopfteil, Mittelteil, Schwanzteil

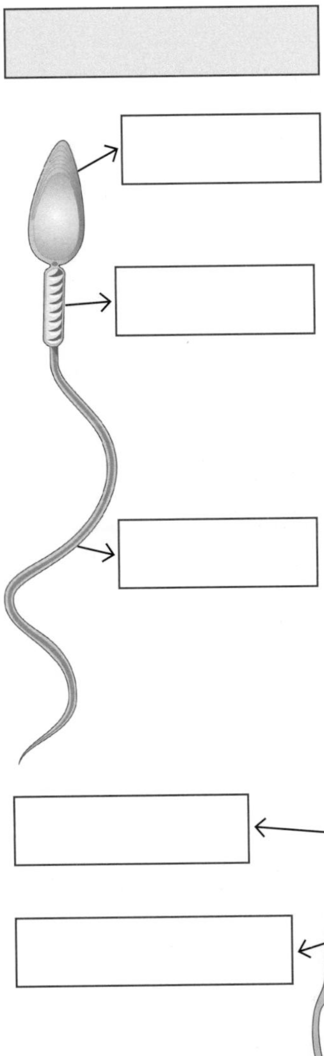

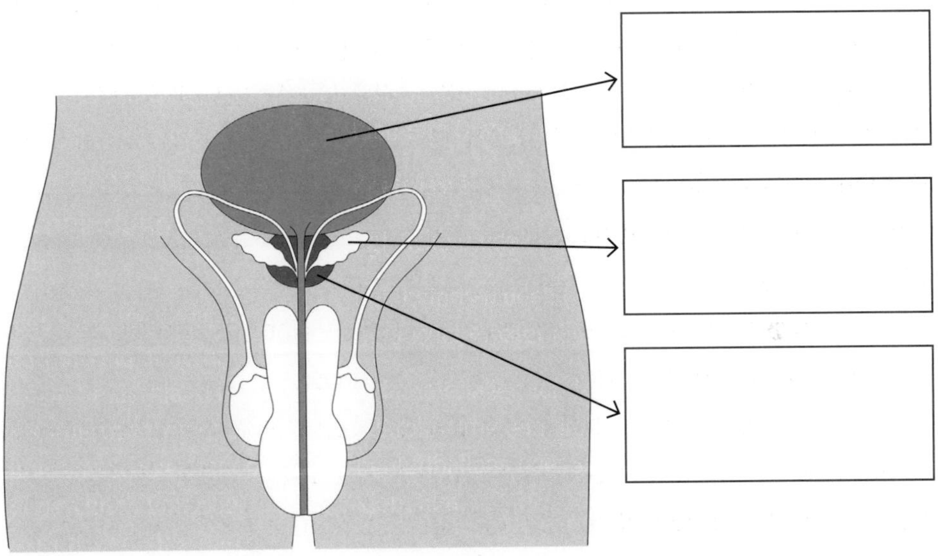

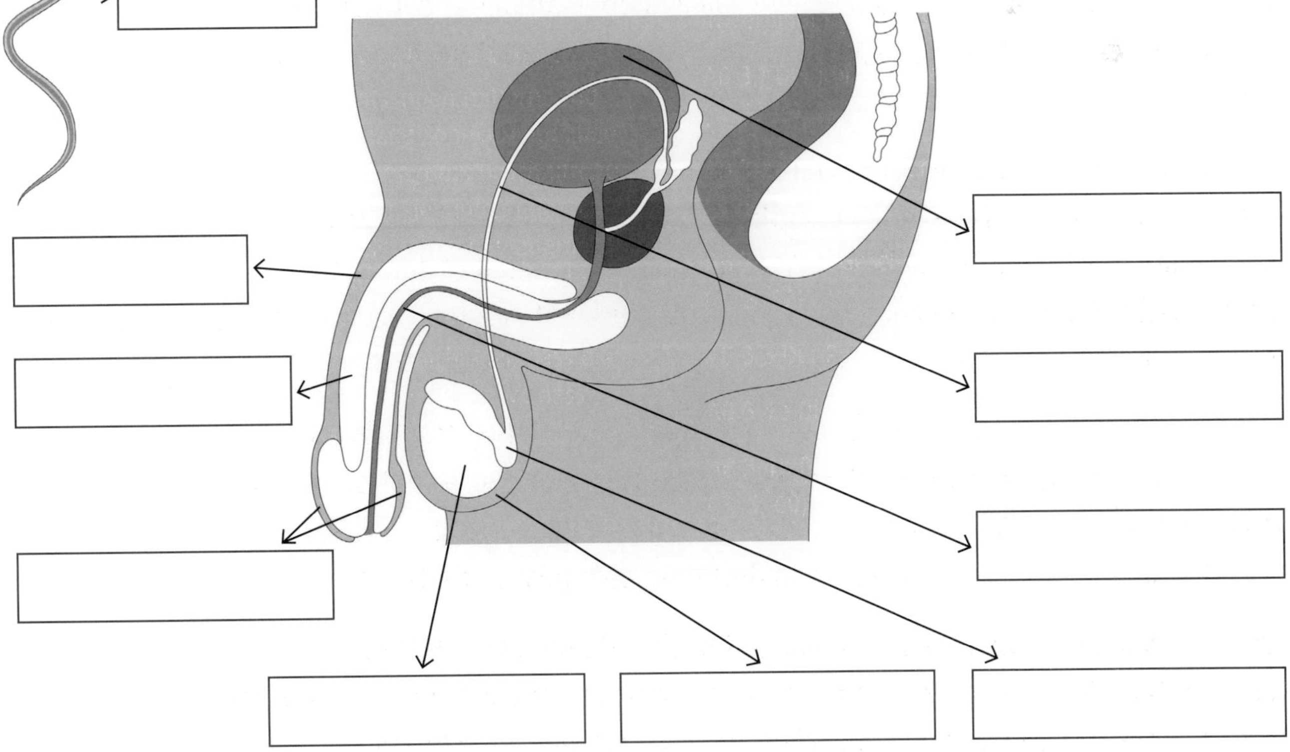

Die männlichen Geschlechtsorgane (4/4)

Aufgabe:

* Lies die Texte zu den männlichen Geschlechtsorganen. Beantworte die Fragen und fülle die Lücken aus.

1. Der äußerlich sichtbare Teil des Geschlechtsorgans besteht aus Penis und

   ....

2. Der vordere Teil des Penis heißt ....
3. Am oberen Ende der Eichel sitzt der ....
4. Die Prostata/Vorsteherdrüse sieht ungefähr so aus wie eine ....
5. Der Penis wird bei Erregung steif durch die ....
6. Die Samenflüssigkeit wird auch .... genannt.
7. Das Spermium besteht aus Schwanzteil, Mittelteil und

   ....

8. Im Hoden wird das Hormon .... gebildet.
9. Die Samenzellen reifen in den .... heran.
10. Die Spermien mögen es nicht all zu ....

Lösung: *

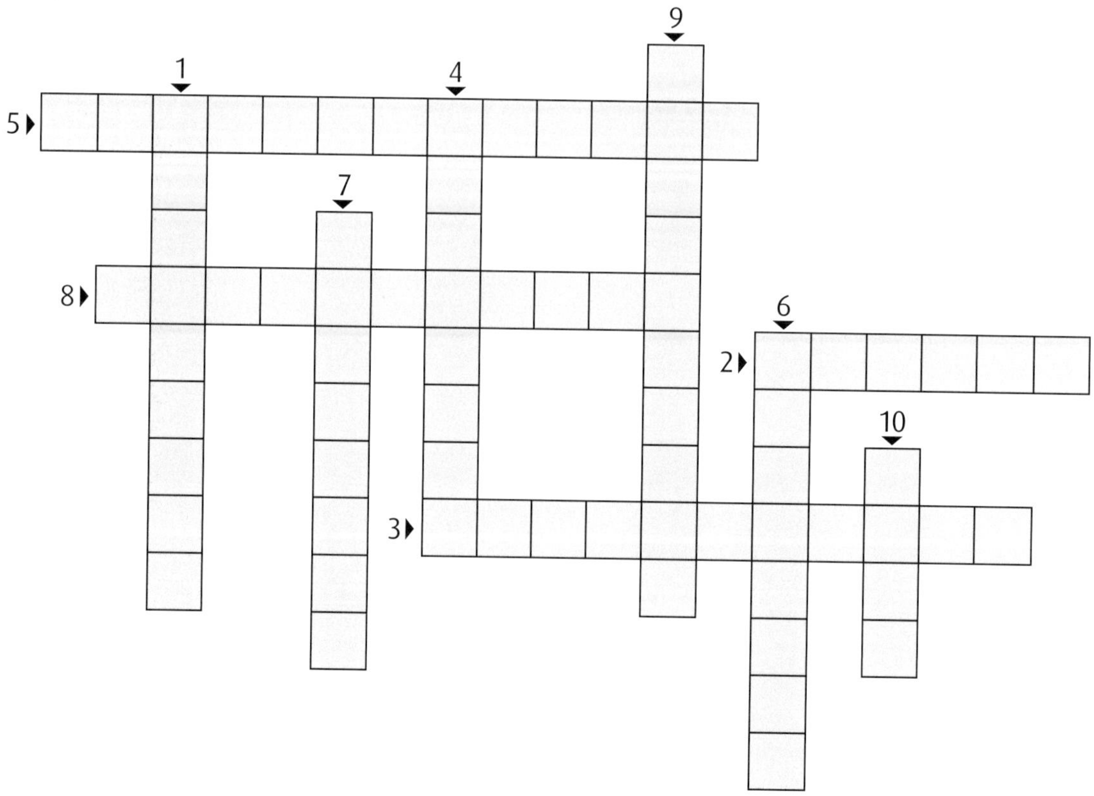

4 Körperpflege

Körperpflege und Styling

Hintergrundinformationen

Körperpflege bezeichnet alle Maßnahmen, die dazu dienen, den Körper sauber, gepflegt und damit gesund zu halten. Neben der Erhaltung der Gesundheit und Vorbeugung von Krankheiten beinhaltet die Körperpflege auch den Aspekt des Wohlbefindens und der Attraktivitätssteigerung. Zur Körperpflege gehört das Waschen, Baden und Duschen sowie die Haar-, Mund-, Zahn- und Nagelpflege. Auch die Rasur und das Trimmen bzw. Schneiden von Haaren sowie die Verwendung von Kosmetika, wie Deodorants, Parfüms, Make-up und Hautpflegeprodukten fallen in den Bereich der Körperpflege. Körperpflege ist wichtig für das Wohlbefinden, die Gesundheit und das Selbstbewusstsein einer Person.

Übersicht der Unterrichtsmaterialien

* Plakate in unterschiedlichen Farben und Befestigungsmaterial oder Zettel/Karteikarten
* diverse Körperpflege- und Kosmetikprodukte (ggf. von den Schüler*innen mitgebracht)
* AB 4.1 Pflege- und Kosmetikprodukte (→ S. 74)
* Werbeprospekte mit Hygieneartikeln und Kosmetikprodukten
* AB 4.2 Die richtige Körperpflege (→ S. 75)

Einstieg

Im Gesprächskreis bringen die Schüler*innen Ideen und Informationen ein, wie ihre tägliche Körperpflege und Kosmetikroutine sowie die zu besonderen Anlässen (religiöse und Familienfeste, Verabredungen etc.) aussieht. Die Impulse können auf Zetteln gesammelt und auf Plakaten festgehalten werden (ggf. unterteilt in „Maßnahme" und „Produkt"). Je nach Klassenzusammensetzung können sich die Schüler*innen anschließend in Vertrauensgruppen oder in Partnerarbeit über das Thema austauschen. Die Ergebnisse notieren sie dann auf dem AB 4.1 Pflege- und Kosmetikprodukte (→ S. 74).

Weitere Aspekte, über die mit den Schüler*innen gesprochen werden kann:

* Gibt es Pflegeprodukte, die vermeintlich bestimmten Geschlechtern vorbehalten sind?
* Wann und wodurch wird uns suggeriert, dass diese nicht geschlechtsübergreifend genutzt werden können?
* Welche Körperpflegeprodukte sind unter Gesunderhaltungsaspekten wichtig und welche werden eher optional verwendet?
* Wie verändert sich die Körperpflege der Jugendlichen im Verlauf der Zeit/mit Eintritt in die Pubertät gegenüber dem Kindesalter? etc.

Erarbeitung & Sicherung

Übung „Kim-Spiel"

In Form eines Kim-Spiels können die Schüler*innen unterschiedliche Hygiene- und Kosmetikartikel spielerisch benennen. Hierzu werden einige Körperpflege- und Stylingartikel zunächst offen ausgelegt, dann unter einem Tuch versteckt, wobei ein Produkt unter dem Tuch verdeckt weggenommen wird. Nachdem das Tuch wieder abgenommen wurde, raten die Schüler*innen, welcher der Artikel fehlt. Dieses Spiel ermöglicht es den Schüler*innen, unterschiedliche Produkte kennenzulernen – auch solche, die sie selbst nicht verwenden.

Über Seife, Deodorant, Duschgel und Shampoo hinaus gibt es noch viele Körperpflegeprodukte und Kosmetikartikel, über die sich die Schüler*innen austauschen können.

Die Schüler*innen können ihre Lieblingshygieneartikel mitbringen, ggf. Tipps austauschen und Kritik äußern. Falls die Schüler*innen eine gute und wertschätzende Klassengemeinschaft pflegen, können sie sich beratend unterstützen.

Wellnesstag

Im Rahmen eines Wellnesstages können die Schüler*innen verschiedene Kosmetikartikel, wie z. B. Peelings, Rasierschäume, Aftershaves, Gesichtsmasken, verschiedene Make-up-Produkte, Nagellacke etc., geschlechtsübergreifend ausprobieren. Jeweilige „Expert*innen" können hierbei die Mitschüler*innen in die fachgerechte Anwendung bestimmter Produkte einführen. Auf diese Weise erweitern alle spielerisch ihren Kenntnisstand und trauen sich, etwas auszuprobieren.

Manche Drogeriemärkte bieten für Schulklassen auch Informationsveranstaltungen und praktisches Umsetzen von Schminktipps an. Vielleicht ist es Ihnen auch möglich, in einem Friseur- oder Barbiersalon eine Einheit zur Nass- und Trockenrasur bzw. zur Bartpflege zu erhalten oder diese selbst anzubieten.

Das AB 4.2 Die richtige Körperpflege (→ S. 75) beschäftigt sich mit dem Thema „Hygiene" und erläutert das richtige Vorgehen beim Waschen. Besprechen Sie die Inhalte mit den Jugendlichen. Je nach Wissenstand der Schüler*innen muss das Thema ggf. entsprechend vertieft werden.

Name .... Datum .... AB 1

Pflege- und Kosmetikprodukte

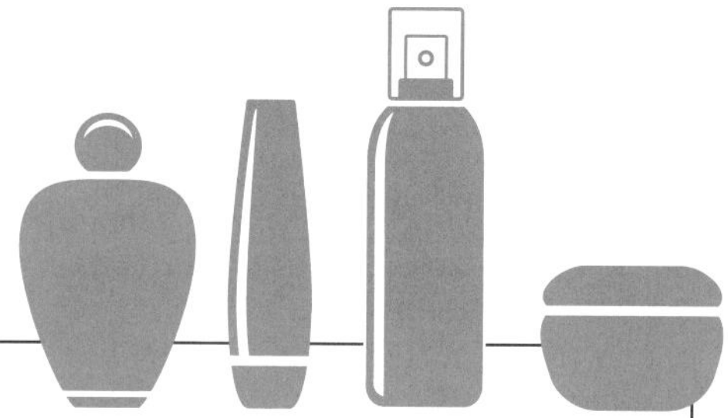

Aufgabe:

Sprecht in eurer Gruppe über folgende Fragen:

* ✱ Welche Arten von Kosmetik kenne ich?
* ✱ Welche Arten von Kosmetik verwende ich?
* ✱ Wo kaufe ich Kosmetik- und Hygieneartikel?
* ✱ Nach welchen Gesichtspunkten wähle ich ein Produkt aus?
  (z. B. nach Preis, Werbung, Empfehlung, Qualität, Inhaltstoffen ...)
* ✱ Welche Produkte sind wofür geeignet? (Kajal, Lipgloss, Aftershave, Rasierschaum ...)
* ✱ Wie benutze ich Kosmetik korrekt?
* ✱ Wo rasiere ich mich?
* ✱ Wie rasiere ich mich?
* ✱ Welches Rasiermittel verwende ich?
* ✱ Warum ist es wichtig, sich auch wieder abzuschminken, wenn man Make-up benutzt?
* ✱ meine persönlichen Erfahrungen und Tipps

Klebe Bilder von verschiedenen Hygiene- und Kosmetikartikeln, die du verwendest, aus Werbeprospekten auf.

Name .... Datum ....

Die richtige Körperpflege

Aufgabe:
Lies den Text und setze die richtigen Begriffe ein.

Lösung:

Begriffe: Füße, Genitalbereich, Socken, hinten, Unterwäsche, Körpergeruch, Deo, Infektionen, Achselbereich, täglich, Geruch, Duschgels, Hodensack, Vorhaut, Harnröhrenöffnung

Mit Beginn der Pubertät ändern sich deine Körperbehaarung und dein .... Es entwickeln sich **Schweißdrüsen** unter den Armen und im Bereich der Geschlechtsorgane. Die Duftstoffe der Schweißdrüsen und der Schweiß werden an der Luft von **Bakterien** zersetzt. Es entsteht ein übel riechender .... Nun kommt es auf die **richtige Körperpflege** an! Ganz besonders wichtig ist, dass du dich .... wäschst / duschst. Vor allem ist es wichtig, dass du deinen.................................... , deinen .... und deine .... wäschst. Dabei sollten unbedingt die Zehzwischenräume sauber werden. Denn dort nisten sich Bakterien ein. Ziehe dir jeden Tag frische .... und .... an und verwende ein ....

Den **Genitalbereich** musst du sehr gut waschen. Allerdings ist es nicht sinnvoll, dafür .... oder Seifen zu verwenden. Denn du zerstörst damit das keimabtötende Klima, welches deine Genitalien vor .... schützt.

Den **Penis** reinigst du, indem du zunächst die .... zurückschiebst und dich gut unter der Vorhaut reinigst. Wasche auch die Harnröhrenöffnung und den Eichelkranz. Reinige auch die .... , den ganzen Penis, die Peniswurzel (die Stelle, an der der Penis in den Hodensack übergeht) und den .... Denke auch an die Intimhaare und den Darmausgang.

Auch die **Vulva** wird ohne Seife gewaschen. Wasche dich zwischen den **Geschlechtslippen**, dann reinigst du die Harnröhrenöffnung, die Vulvaöffnung und auch die Darmöffnung. Achte dabei darauf, dass du dich nur von vorn nach .... (also vom Bauch zum Po) wäschst. So verhinderst du, dass Verunreinigungen deines Stuhlgangs in die Scheidenöffnung gelangen. Denke auch an das Waschen der Intimhaare.

Monatshygiene während der Menstruation

Hintergrundinformationen

Die Monatsblutung, Menstruation oder auch Periode setzt in der Pubertät ein und endet mit den Wechseljahren, durchschnittlich um das 51. Lebensjahr herum. Während der Pubertät sorgen verschiedene Hormone dafür, dass der erste Follikel heranreift und eine Eizelle freigibt. Die Gebärmutterschleimhaut wird in Vorbereitung auf eine mögliche Schwangerschaft aufgebaut. Wenn keine Befruchtung der Eizelle stattfindet, wird die Schleimhaut abgestoßen und es kommt zur Periodenblutung. Mit der Periodenblutung fließt nicht nur das in der Schleimhaut enthaltene Blut ab, sondern auch die Schleimhaut selbst in Form von Schleimhautteilchen. Wird die Pille zur Empfängnisverhütung eingenommen, findet keine gewöhnliche Menstruationsblutung statt, sondern eine Abbruchblutung.

Die Periode dauert im Durchschnitt etwa drei bis fünf Tage, kann jedoch von Mensch zu Mensch unterschiedlich lang sein und auch von Zyklus zu Zyklus variieren. Der Menstruationszyklus dauert in der Regel etwa 28 Tage, kann aber ebenfalls kürzer oder länger ausfallen. Die Zykluslänge kann durch bestimmte Faktoren, wie z. B. Krankheiten, ungesunde Ernährung oder Stress, beeinflusst werden. Der Zyklus beginnt mit dem ersten Tag der Periode und endet mit dem letzten Tag vor der nächsten Menstruation. Vor und während der Menstruation kann es zu verschiedenen körperlichen Beschwerden kommen, beispielsweise Schmerzen im Unterleib, Rücken- und Kopfschmerzen oder Müdigkeit. Auch Heißhungerattacken und Stimmungsschwankungen, Wassereinlagerungen und Hautunreinheiten (Pickel) sind möglich.

Auch wenn das Menstruationsblut im Verlauf einer Regelblutung insgesamt nach viel Flüssigkeit aussieht, sind es normalerweise nur 20 bis 60 ml Blut, also etwa 4 bis 12 Teelöffel.

Unter Monatshygiene versteht man alle Maßnahmen, die während der Menstruation ergriffen werden, um die Gesundheit und Hygiene zu erhalten. Hierzu zählen insbesondere das regelmäßige Wechseln von Binden, Tampons oder Menstruationstassen, um Blutungen aufzufangen, und das Tragen von sauberer Unterwäsche, ggf. Periodenunterwäsche.

Während der Periode ist eine gute Intimhygiene unentbehrlich, um Infektionen und Geruchsbildung zu vermeiden. Dazu gehört das regelmäßige Waschen mit warmem Wasser und ggf. pH-neutralen Intimwaschlotionen. In dieser Einheit wird lediglich die Monatshygiene thematisiert. In Kapitel 6 wird der Zyklus genauer besprochen. Dennoch empfiehlt sich hier eine grobe Klärung dessen, was unter Monatsblutung verstanden wird und wie sie zustande kommt. Auch ist es wichtig, den Zyklus als etwas Positives darzustellen.

Übersicht der Unterrichtsmaterialien

* Hygieneartikel, Kosmetikartikel (evtl. von den Schüler*innen mitbringen lassen)
* Monatshygieneartikel: Slipeinlage, Binde (mit und ohne Flügelchen), Tampon, Menstruationstasse, Unterhose, Hygienebeutel
* AB 4.3 Monatshygiene-Artikel (Infotext) (→ S. 79–81)
* AB 4.4 Menstruationskalender (→ S. 82)
* AB 4.5 a So benutze ich eine Binde (→ S. 83)
* AB 4.5 b So benutze ich einen Tampon (→ S. 84)

Einstieg

Bei einigen Herstellern können Probesets für Tampons und Binden kostenlos bestellt werden, sowie z.T. auch Informationsmaterial und ein Veranschaulichungsmodell, in das Tampons eingeführt werden können. Diese Materialien können Sie vor der Unterrichtseinheit ordern und zur Veranschaulichung nutzen.

Zum Einstieg können in einem Unterrichtsgespräch zunächst die unterschiedlichen Begrifflichkeiten, die für die Menstruation verwendet werden, angesprochen und evtl. aufgeschrieben werden: die Blutung, die Regel, die Tage, die Periode ... Auch sollte in dem Unterrichtsgespräch geklärt werden, wo es Monatshygieneartikel zu kaufen gibt: in Drogeriemärkten, Supermärkten, Apotheken, an Tankstellen, Automaten ... Einige Schüler*innen haben wahrscheinlich schon Erfahrungen mit der Regelblutung und verwenden somit schon Monatshygieneartikel. Sie können ggf. von ihren Vorerfahrungen berichten.

Erarbeitung & Sicherung

Anhand der Anschauungsmaterialien (Modell, Tampons, Binden, Menstruationstasse, Periodenunterwäsche) werden die Anwendung der verschiedenen Hygieneartikel sowie ihre Vor- und Nachteile vorgestellt. Dies kann ggf. in vertrauensvollen Kleingruppen oder in Partnerinnenarbeit geschehen, sodass die Schüler*innen sich in ungezwungener Atmosphäre über das Thema „Monatshygiene" austauschen. Neben der Lehrkraft können dabei auch erfahrene Schüler*innen unterstützend mitwirken.

Periodenunterwäsche und Menstruationstassen sind nicht so gängig wie Binden und Tampons. Dennoch empfehle ich, sie mit den Schüler*innen zu besprechen, damit diese die ganze Bandbreite der Hygieneartikel kennenlernen und ggf. die passenden für sich auswählen können. Anhand des Arbeitsblattes AB 4.3 Monatshygiene-Artikel (Infotext) (→ S. 79–81) können sich die Schüler*innen die Informationen sowie Vor- und Nachteile der verschiedenen Hygieneartikel auch selbstständig erarbeiten. Die Arbeitsblätter AB 4.5 a So benutze ich eine Binde (→ S. 83) und AB 4.5 b So benutze ich einen Tampon (→ S. 84) dienen der Sicherung und Differenzierung.

Weisen Sie die Schülerinnen darauf hin, dass sie ihre Regel notieren sollten, um etwaige Unregelmäßigkeiten erkennen zu können und an die nächste Periode erinnert zu werden. Hierzu gibt es hilfreiche Apps, die sich die Schülerinnen auf das Handy laden können. Ergänzend zu diesem Aspekt können Sie den Menstruationskalender verteilen und erläutern. Nutzen Sie dazu AB 4.4 Menstruationskalender (→ S. 82) oder eine gedruckte Variante, die es z. B. in gynäkologischen Praxen gibt.
Im Anschluss können die Schüler*innen auch berichten, wie sie mit Regelschmerzen umgehen.

Viele empfinden leichte Bewegung, wie Spazierengehen oder Übungen (s. u.), als schmerzlindernd. Menschen, die regelmäßig Sport treiben, weisen statistisch weniger Beschwerden auf. Hilfreich sind Ruhe, eine Wärmflasche, die auf den Unterleib gelegt wird, ein Bad in der Badewanne, Entspannungsübungen, Beckenlockerungsübungen, Punktmassage in den beiden Grübchen über den Gesäßmuskeln oder Heilkräutertees.

Übungen zur Linderung von Menstruationsbeschwerden

Die folgenden Übungen zur Linderung von Menstruationsbeschwerden können Sie mit den Schülerinnen im Unterricht einüben, sodass diese sie bei Bedarf zu Hause durchführen können.

- **Atemübungen:** Die Atemübungen können im Sitzen oder Stehen durchgeführt werden. Dabei sollten die Schülerinnen eine in sich ruhende Position einnehmen und, wenn möglich, die Augen auf einen Punkt fixieren oder schließen, um mehr Bewusstheit und Achtsamkeit in den Körper zu lenken. Die Schüler*innen werden eingeladen, ganz bewusst ihre Atmung wahrzunehmen, die Atemräume zu entdecken. Sie werden angeleitet, in den Bauch und die hinteren Rippen zu atmen. – Anfangs bewusst mit Druck und dann sanfter. Daraufhin sollen sie versuchen, den Atem bewusst und sanft in den Beckenbereich zu leiten und ihr Becken mit Atem zu fluten. Nach dieser Atemeinheit kann die Wahrnehmung reflektiert werden.
- **Aufzug:** Die Schülerinnen versuchen, ihren Beckenboden im Stehen oder Sitzen langsam anzuspannen und wieder zu lockern. Sie stellen sich dabei vor, wie ein Aufzug zwischen Vulva und Vagina auf- und abfährt.

Monatshygiene während der Menstruation

* **Vierfüßlerstand:** Die Schülerinnen gehen in den Vierfüßlerstand. Ausgehend von einem Katzenbuckel, wird das Becken im Hohlkreuz nach vorn geschoben und dann nach links und rechts bewegt. Mit etwas Übung sollte eine fließende Bewegung entstehen.
* **Käferübung:** Die Schülerinnen strampeln in Rückenlage mit Armen und Beinen und nehmen anschließend die „Tönnchenstellung" ein. Dabei geht man in einen tiefen Vierfüßlerstand, wobei das Gesäß angehoben und der Kopf auf die Fäuste abgelegt wird (dabei die Spannung halten). Das Ganze wird 2- bis 4-mal wiederholt.
* **Kreispendel:** Das Kreispendel kann in verschiedenen Stellungen durchgeführt werden. Sitzend wird es folgendermaßen durchgeführt: Die Schülerinnen setzen sich auf ihre Sitzbeinhöcker (evtl. mit Händen erst erspüren) und bewegen das Becken nach links und rechts, dann vor und zurück. Die Bewegung geht in eine kreisende Bewegung über.
* **Liegendkreisen:** Die Schülerinnen liegen auf dem Rücken, die Knie werden in Richtung Bauch angezogen und das Becken wird kreisförmig bewegt. Die Hände können die Kreisbewegung leicht unterstützen, indem sie auf die Knie gelegt werden.
* **tiefe Bauchatmung:** Die Schülerinnen stehen hüftbreit und atmen in den Unterbauch. Durch Atemlocken, d. h. dass zuerst in die obere Brust, dann in den oberen Bauchraum und danach in den Unterbauch geatmet wird, kann das Atmen in den Unterbauch angebahnt werden. Am besten wird eine Hand auf die jeweiligen Körperpartien gelegt, um die korrekte Atmung zu kontrollieren.
* **Bauchtanzübung:** Die Schülerinnen stehen hüftbreit und gehen dabei leicht in die Knie. Ausgehend vom Po, werden Becken und Unterbauch wie beim Bauchtanz durchgeschüttelt.

Monatshygiene-Artikel (Infotext) (1/3)

Es gibt verschiedene Hygieneartikel, die das Blut auffangen, während du deine Tage hast. Die Menge Blut, die du während deiner Periode verlierst, entspricht ungefähr der Menge, die in eine kleine Tasse passt. Dein Körper kann mit diesem Blutverlust gut umgehen. Das Blut verändert sich innerhalb deiner Blutung. Es ändert die Farbe und die Zusammensetzung. Die Blutung dauert meist zwischen drei und fünf Tagen. Sie leitet deinen neuen Zyklus ein. Auch zwischen der Menstruation kann es vereinzelt zu Blutungen kommen. Falls das häufiger der Fall ist, sollte man unbedingt mit einer Gynäkologin/einem Gynäkologen darüber sprechen.

Aufgaben:
Sprich mit einer vertrauten Person über die Periode und die Monatshygiene:
* Wie fühlt man sich während der Periode? Hast du/hat man dabei Schmerzen? Wie ist es, bestimmte Monatshygieneartikel zu verwenden?
* Erklärt euch gegenseitig, wie man die Hygiene-Artikel verwendet. Welche Vorteile und Nachteile hat welches Produkt? Wo kauft man die Hygiene-Artikel?
* Lies dir die Informationen zu den verschiedenen Produkten durch.
* Recherchiere im Internet, falls du noch mehr wissen möchtest!

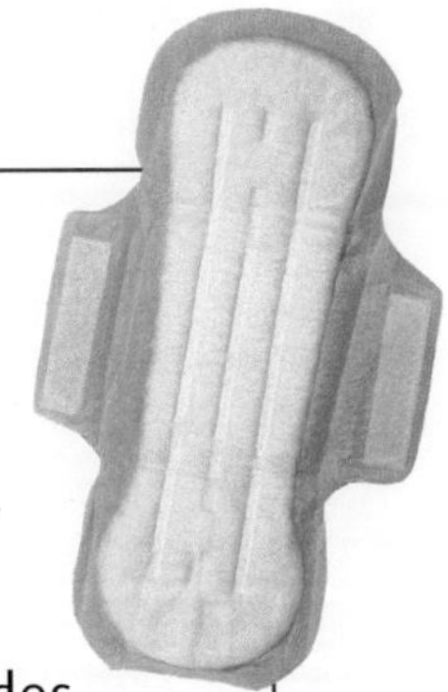

Binde
Man kann Binden verwenden, um das Menstruationsblut aufzufangen. Man zieht das Papier wie bei einem Aufkleber ab, sodass die Binde auf der Unterseite klebt. Dann klebt man sie in den Slip. Die Binde wird ungefähr alle 3 bis 6 Stunden gewechselt. Es gibt Binden mit Flügelchen. Die Flügelchen klappt man nach hinten, sodass sie auf der Außenseite des Slips kleben. Wenn man die Binde wechselt, sollte man die benutzte Binde in einen Hygienebeutel oder in ein Stück Toilettenpapier wickeln und sie dann in den Abfalleimer werfen (auf keinen Fall in die Toilette!).

Slipeinlage
Während des Zyklus läuft immer wieder Flüssigkeit aus der Vulva. Wenn man aufmerksam ist, kann man anhand der Veränderung dieses Sekrets/Weißflusses den Zyklus gut verfolgen. Falls die Flüssigkeit im Slip stört, kann man Slipeinlagen verwenden. Slipeinlagen sind dünner als Binden und werden benutzt, wenn weniger Flüssigkeit aufgefangen werden muss. Eine Slipeinlage klebt man wie die Binde in den Slip. Man verwendet jeden Tag mindestens eine neue Slipeinlage. Es gibt auch Slipeinlagen und Binden aus Stoff. Die lassen sich waschen und wiederverwenden. Das führt schont die Umwelt.

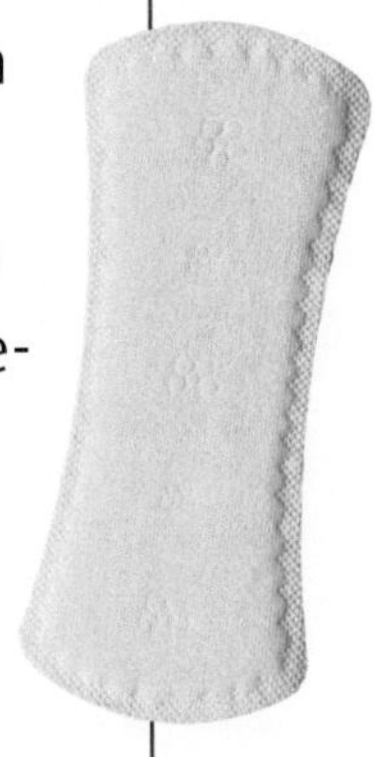

Monatshygiene-Artikel (Infotext) (2/3)

Tampon

Tampons sind aus Watte geformt. Vor dem Benutzen entfernt man die Folie. Dann drückt man mit einem Finger in die Mulde, wo die Schnur herauskommt und zieht gleichzeitig an der Schnur. Der Tampon wird am Ende mit der Schnur nun etwas breiter. Er sollte nicht kürzer werden. Nun öffnet man die Beine und geht etwas in die Hocke, sodass die Scheidenöffnung besser ertasten werden kann. Der Tampon wird weit in die Vulva hineingeschoben. Dabei muss man darauf achten, dass die Schnur weiterhin zwischen den Geschlechtslippen herauskommt.

Den Tampon wechselt man, wenn er vollgesogen ist. Er muss jedoch nicht bei jedem Pipimachen gewechselt werden. Es reicht dabei nur das Tampon-Bändchen zur Seite zu halten. Zum Wechseln zieht man den Tampon an der Schnur heraus. Ein Tampon sollte nicht länger als 8 Stunden in der Vagina verbleiben. Den benutzten Tampon packt man in einen Hygienebeutel oder rollt ihn in Toilettenpapier ein und wirft ihn in den Abfall.

Mit einem Tampon kann man auch während der Blutung zum Schwimmen oder in die Sauna gehen. Der Nachteil von Tampons ist, dass sie die Scheide austrocknen. Es ist wichtig, dass man die Tampons nicht zu groß wählt, damit sie neben dem Menstruationsblut nicht auch das Scheidensekret aufsaugen. Oft ist die Blutung während der ersten beiden Blutungstage stärker und dann schwächer. Man kann die Tampons der Blutung anpassen. Tampons sollte man nur während der Periode verwenden. Beim Weißfluss nimmt man Slipeinlagen.

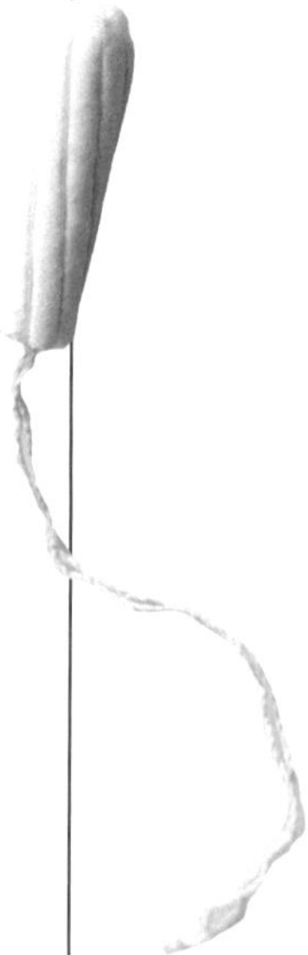

Periodenunterwäsche/Menstruationshöschen

Menstruationshöschen kann man im Drogeriemarkt oder im Internet kaufen. Das sind Unterhosen mit einem fest eingenähten, saugfähigen Fließstoff. Je nach Dicke der Einlage und nach Intensivität der Blutung zieht man alle 8 bis 12 Stunden ein frisches Menstruationshöschen an. Das gebrauchte Höschen spült man beim Wechseln kurz von Hand in kaltem Wasser aus und wäschst es dann in der Waschmaschine.

Periodenunterwäsche ist eine umweltfreundliche Alternative. So lässt sich Abfall sparen und deine Vulva trocknet nicht aus. Periodenwäsche kann man immer wieder verwenden.

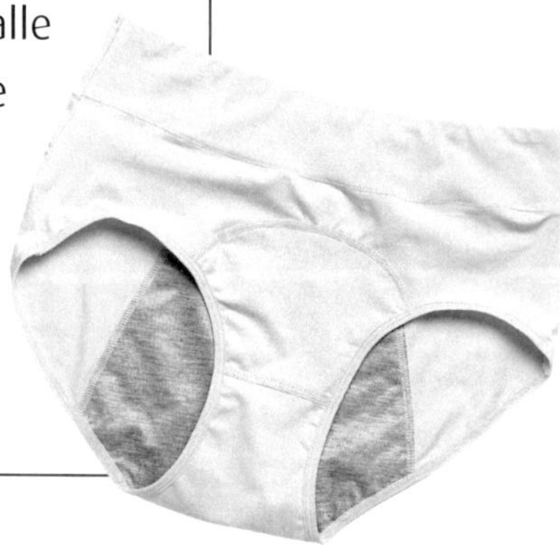

Monatshygiene-Artikel (Infotext) (3/3)

Menstruationstasse

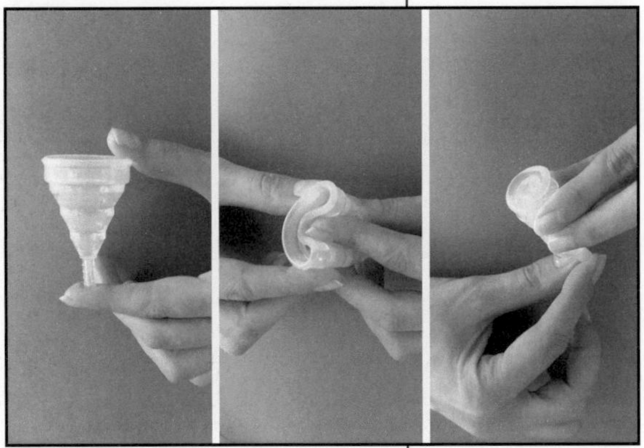

Die Menstruationstasse besteht aus flexiblem Material. Man drückt sie mit zwei Fingern zusammen und schiebt sie wie ein Tampon in die Vulva. Wichtig ist, dass man die Tasse bis zum Muttermund schiebt. Dort fängt sie das Blut auf. Alle 6 bis 8 Stunden sollte man die Tasse ausleeren. Um die Tasse zu entfernen, geht man etwas in die Hocke und drückt die Muskeln so zusammen, als ob man dringend Pipi machen müsste. Dabei zieht man mit den Fingern in der Scheide am unteren Ende der Tasse. Danach leert man die Tasse aus und spült sie gründlich unter fließendem Wasser aus. Dann kann man sie wieder einsetzen. Wenn die Periode vorbei ist, legt man die Tasse für ca. 10 Minuten in kochendes Wasser und desinfiziert sie somit. Man kann sie beim nächsten Zyklus wiederverwenden.

Der Vorteil der Tasse ist, dass man keinen Abfall produziert und dass die Scheide nicht so austrocknet wie mit Tampons. Man kann schwimmen und in die Sauna gehen. Die Tasse kann man länger als einen Tampon in der Vagina belassen.

Es bedarf ein wenig Übung und Vertrauen, bis man mit der Menstruationstasse gut umgehen kannt.

Die Menstruationstasse ist ein umweltfreundlicher Hygieneartikel. Man kann sie im Drogeriemarkt, der Apotheke und im Internet kaufen. Wichtig ist, dass die Größe der Tasse gut passt. Welche Größe am besten passt, kann der Gynäkologe/die Gynäkologin sagen.

Name .... Datum .... AB 4

Menstruationskalender

Die Kästchen unten stehen für die Tage. Schreibe über die Balken den Monat (z. B. Juni). Male die unteren Kästchen der Balken an, an denen du deine Periode hast. In die mittleren Kästchen kannst du die Schwere der Blutung eintragen.
Nimm den Kalender mit zu deiner Gynäkologin/deinem Gynäkologen.
Falls du ein Smartphone besitzt, findest du auch Apps, in die du deinen Zyklus eintragen kannst.

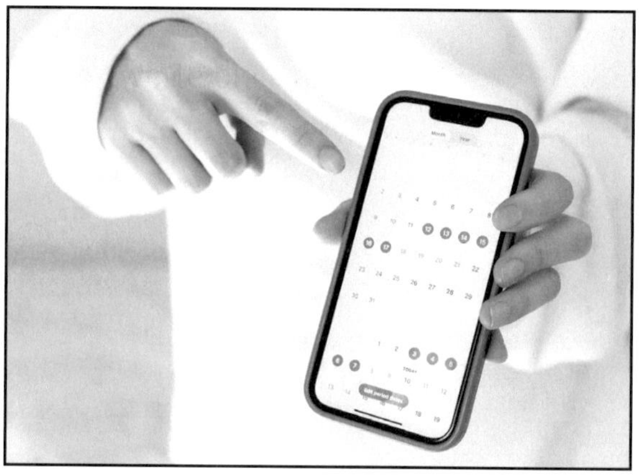

Mein Menstruationskalender

1	2	3	4	5	6	7	8	9	10	11	12	13	14	15	16	17	18	19	20	21	22	23	24	25	26	27	28	29	30	31	32	33

1	2	3	4	5	6	7	8	9	10	11	12	13	14	15	16	17	18	19	20	21	22	23	24	25	26	27	28	29	30	31	32	33

1	2	3	4	5	6	7	8	9	10	11	12	13	14	15	16	17	18	19	20	21	22	23	24	25	26	27	28	29	30	31	32	33

1	2	3	4	5	6	7	8	9	10	11	12	13	14	15	16	17	18	19	20	21	22	23	24	25	26	27	28	29	30	31	32	33

1	2	3	4	5	6	7	8	9	10	11	12	13	14	15	16	17	18	19	20	21	22	23	24	25	26	27	28	29	30	31	32	33

1	2	3	4	5	6	7	8	9	10	11	12	13	14	15	16	17	18	19	20	21	22	23	24	25	26	27	28	29	30	31	32	33

1	2	3	4	5	6	7	8	9	10	11	12	13	14	15	16	17	18	19	20	21	22	23	24	25	26	27	28	29	30	31	32	33

1	2	3	4	5	6	7	8	9	10	11	12	13	14	15	16	17	18	19	20	21	22	23	24	25	26	27	28	29	30	31	32	33

1	2	3	4	5	6	7	8	9	10	11	12	13	14	15	16	17	18	19	20	21	22	23	24	25	26	27	28	29	30	31	32	33

1	2	3	4	5	6	7	8	9	10	11	12	13	14	15	16	17	18	19	20	21	22	23	24	25	26	27	28	29	30	31	32	33

1	2	3	4	5	6	7	8	9	10	11	12	13	14	15	16	17	18	19	20	21	22	23	24	25	26	27	28	29	30	31	32	33

1	2	3	4	5	6	7	8	9	10	11	12	13	14	15	16	17	18	19	20	21	22	23	24	25	26	27	28	29	30	31	32	33

Name .... Datum .... AB 5 a

So benutze ich eine Binde

Aufgaben:

* Klebe die Bilder in der **richtigen** Reihenfolge ein.
* Schreibe die richtigen Begriffe auf die Linien.

1.

2.

3.

4.

Wichtig:

Ich muss die Binde ungefähr alle .... Stunden wechseln.

Mit einer Binde sollte ich .... zum .... gehen.

Wenn ich die Binde wechsle, wickele ich sie in ein Papier oder in einen Hygienebeutel und werfe sie in den .... und nicht in die .... Zum Schluss wasche ich mir die Hände.

Begriffe: Schwimmen, Abfalleimer, drei, nicht, Toilette

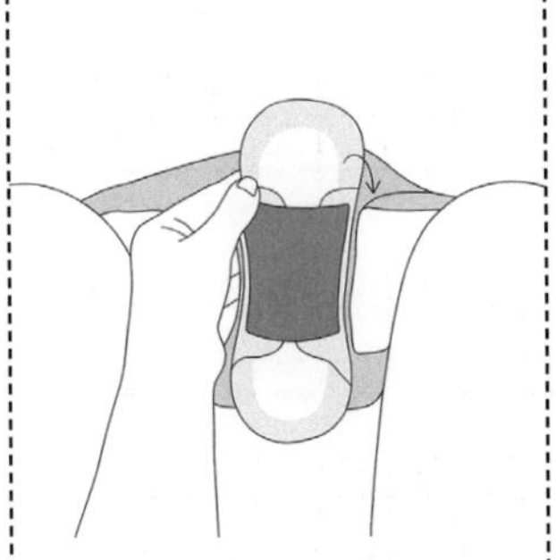
Binde in die Unterhose kleben

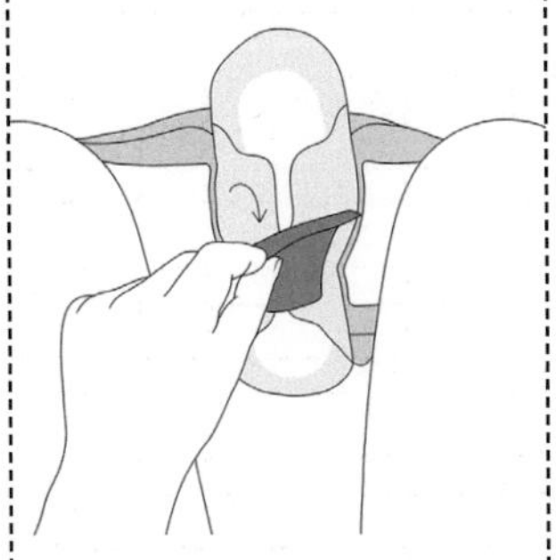
Flügelfolie entfernen

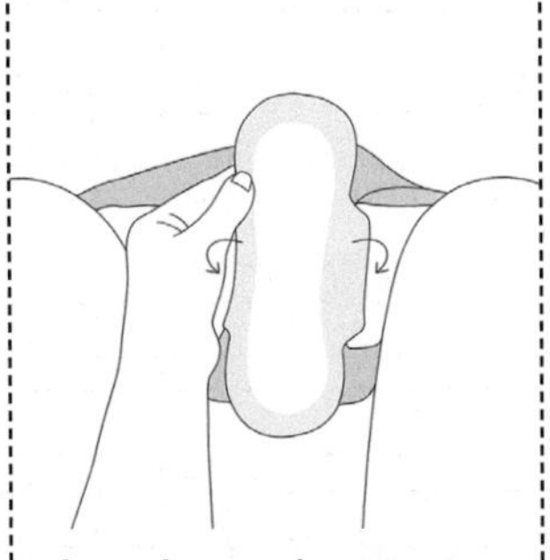
Flügel um den Unterhosenrand kleben

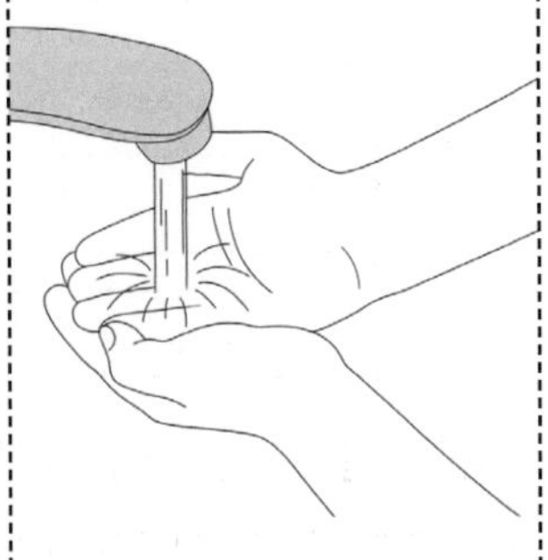
Hände waschen

Name .... Datum .... AB 5 b

So benutze ich einen Tampon

* Klebe die richtigen Bilder ein.
* Schreibe die richtigen Begriffe auf die Linien.

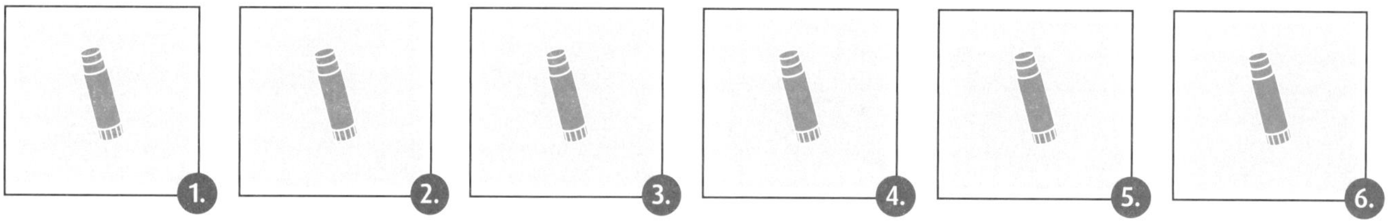

1. Folie abziehen

2. Faden herausziehen

3. Finger in Tampon drücken und Faden hängen lassen

4. Tampon mit dem Finger tief in die .... drücken

5. Der Faden muss zwischen den .... heraushängen.
Daran lässt sich der Tampon wieder herausziehen.

6. .... waschen

Wichtig:

Ich muss den Tampon ungefähr alle .... Stunden wechseln.

Mit einem Tampon darf ich zum .... gehen.

Wenn ich den Tampon wechsle, wickele ich ihn in ein Papier oder in einen Hygienebeutel und werfe ihn in den .... (nicht in die Toilette).

Begriffe: Hände, Beinen, vier, Schwimmen, Scheide, Abfalleimer

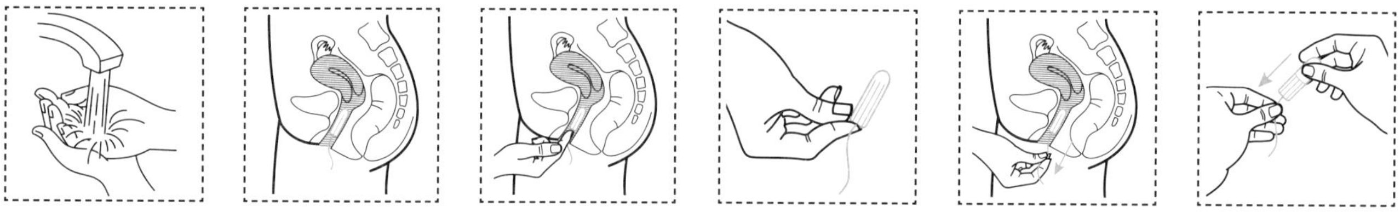

5 Die Pubertät

Pubertät – die Zeit, in der die Eltern schwierig werden

Hintergrundinformationen

Die Pubertät ist nicht nur die Zeit, in der Eltern und Lehrer*innen schwierig werden ... Die Pubertät ist eine wichtige Phase der menschlichen Entwicklung. Sie ist eine Zeit des Umbaus des ganzen jungen Menschen – Körper, Gehirn und Gefühle werden ausgebaut, umgebaut und neu strukturiert. Es ist die Zeit des Erwachsenwerdens. Der Beginn der Pubertät unterliegt einer großen Spannweite, sodass bei biologisch weiblichen Jugendlichen ein Einsetzen zwischen dem 8. und dem 13. Lebensjahr (im Schnitt dem 10./11. Lebensjahr) und biologisch männlichen Jugendlichen ein Einsetzen zwischen dem 9. und dem 14. Lebensjahr (im Schnitt dem 12. Lebensjahr) als völlig normal gilt.

Während der Pubertät macht der Körper signifikante Veränderungen durch und entwickelt sich von einem kindlichen zu einem erwachsenen Körper. Der Körper bereitet sich auch auf die Fortpflanzung vor. Während der Pubertät setzen Hormone ein, die für das Wachstum von Körperhaaren, die Entwicklung der Geschlechtsorgane und die Entwicklung von sekundären Geschlechtsmerkmalen, wie Brüsten und Bartwuchs, verantwortlich sind. Während der Pubertät können ebenfalls psychische Veränderungen und Veränderungen im Verhalten auftreten. Der Umbau des Gehirns hat Auswirkungen auf die Motivation, die Wertebildung, die Planung und die Entscheidungsfähigkeit der Jugendlichen. Die Jugendlichen sind mitunter starken Stimmungsschwankungen unterworfen; es können Lethargie, Übellaunigkeit und Gereiztheit auftreten. Besonders der Umbau des Stirnhirns wirkt sich auf das vorausschauende Handeln, die Kontrolle von Emotionen, die moralische Bewertung und das Arbeitsgedächtnis aus. Die Verschiebung der Produktion des müde machenden Hormons Melatonin verändert den Schlaf-Wach-Rhythmus. Die Müdigkeit setzt bei Jugendlichen später ein, als dies bei Kindern der Fall ist. Während der Pubertät entwickeln sich auch die sexuellen und romantischen Empfindungen und Interessen. Die Jugendlichen beginnen, ihre Identität und ihr Selbstbewusstsein zu finden und ihre Persönlichkeit zu entwickeln. Die Risikobereitschaft ist in der Pubertät hoch. Die Amygdala, die für Instinktreaktionen und Bauchentscheidungen zuständig ist, schaltet sich bei der Verarbeitung von Gefühlen ein, sodass die Reaktionen tendenziell eher spontan und irrational ausfallen können. So ist auch das statistische Risiko von Verletzungen in keiner Lebensphase höher (auch aufgrund des erhöhten Dopaminspiegels). In der Pubertät beginnen Süchte, Essstörungen und etliche psychische Krankheiten. Vor diesem Hintergrund ist es wichtig, zu erkennen, dass Jugendliche während dieser Zeit Unterstützung und Ermutigung erhalten, um ihre Identität und ihr Selbstwertgefühl zu stärken. Die Pubertät ist ein natürlicher Teil des menschlichen Lebens und ein wichtiger Schritt in der Entwicklung zum*zur Erwachsenen.

Übersicht der Unterrichtsmaterialien

- Plakate in 2 verschiedenen Farben und Befestigungsmaterial
- AB 5.1 Über die Pubertät (→ S. 88)
- AB 5.2 Körperliche Veränderungen in der Pubertät (→ S. 89–91)
- AB 5.3 a Körperliche Entwicklung in der Pubertät (→ S. 92)
- AB 5.3 b Körperliche Entwicklung in der Pubertät (differenziert) (→ S. 93)
- AB 5.4 a Pubertät: Veränderungen biologisch weiblicher Körper (→ S. 94)
- AB 5.4 b Pubertät: Veränderungen biologisch männlicher Körper (→ S. 95)
- AB 5.5 a Das passiert in der Pubertät (→ S. 96–98)
- AB 5.5 b Das passiert in der Pubertät (→ S. 99–101)

Einstieg

Überlegen Sie vorab, ob Sie diese Einheit mit der gesamten Klasse oder in Vertrauensgruppen durchführen wollen. Grundsätzlich sollten alle Schüler*innen, unabhängig von ihrem biologischen Geschlecht oder ihrer Geschlechtsidentität, über alle Veränderungsprozesse in der Pubertät informiert sein.

Soweit noch nicht geschehen, ist an dieser Stelle eine Begriffsklärung zur Regelblutung (→ siehe S. 78) angebracht, damit die Schüler*innen ihr genutztes Vokabular abgleichen können.

Zum Einstieg formulieren die Schüler*innen jeweils ein kurzes Statement dazu, was sie unter Pubertät verstehen. Anschließend werden die Statements auf AB 5.1 Über die Pubertät (→ S. 88) gelesen, diskutiert und ihre Kernaussagen herausgearbeitet.

Erarbeitung

Die Schüler*innen äußern sich nun in einem Unterrichtsgespräch auf der Grundlage ihres bisherigen Wissens zu den körperlichen und psychischen Veränderungen in der Pubertät. Auf zwei Plakaten werden die jeweils geschlechtstypischen Veränderungen der binären biologischen Geschlechter festgehalten. Alternativ können die Schüler*innen auch Hefteinträge vornehmen und die Veränderungen dort notieren. Im weiteren Verlauf des Unterrichts werden die Schüler*innen in Vertrauensgruppen aufgeteilt. Sie dürfen Fragen an die anderen Gruppen formulieren („Was ich schon immer wissen wollte und mich nie zu fragen getraut habe“), wenn die Fragen in ihrer Gruppe nicht beantwortet werden können. Die Lehrkraft liest diese Fragen vor und die anderen Gruppen versuchen, auf die Fragen zu antworten.

Sicherung

Anhand des Bildmaterials auf den AB 5.3 a/AB 5.3 b Körperliche Entwicklung in der Pubertät (→ S. 92/93) werden die körperlichen Veränderungen in der Pubertät besprochen und die Entwicklungsskalen verglichen. Diese Arbeitsblätter sind inhaltlich deckungsgleich, die Variante B ist im Anspruchsniveau einfacher. Leistungsstarke Schüler*innen können die Infotexte AB 5.5 a Das passiert in der Pubertät (biologisch weibliches Geschlecht → S. 96–98) und AB 5.5 b Das passiert in der Pubertät (biologisch männliches Geschlecht → S. 99–101) bearbeiten.

Leistungsschwächere Schüler*innen bearbeiten AB 5.2 Körperliche Veränderungen in der Pubertät (→ S. 89–91).

Über die Pubertät

Aufgaben:

* Lies die Aussagen und Sprüche. Was sagen sie aus?
* Diskutiert darüber in der Klasse.

Die Pubertät ist eine Achterbahn der Gefühle.

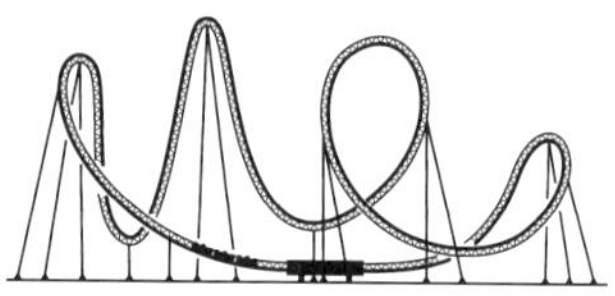

Avhterbahn © Sasha Black – Shutterstock.com

Achtung, Pubertät –
Dieser Mensch befindet
sich gerade im Umbau!
Wir bitten um Ihr Verständnis.

Schild © snygggpix – Shutterstock.com

Die PUBERTÄT ist die Zeit,
in der die Kinder am liebsten
ausziehen würden –
und Eltern übrigens auch.

Pubertät erkennt man daran, dass die Eltern ständig nerven.

© Motorama – Shutterstock.com

WEGEN UMBAU AN
HIRN, HERZ UND
HORMONEN
VORÜBERGEHEND
AUSSER BETRIEB!

Hand © ibrandify gallery – Shutterstock.com

Pubertät ist,
wenn sich diejenigen küssen,
die sich gestern noch
im Sandkasten mit Sand
beworfen haben.

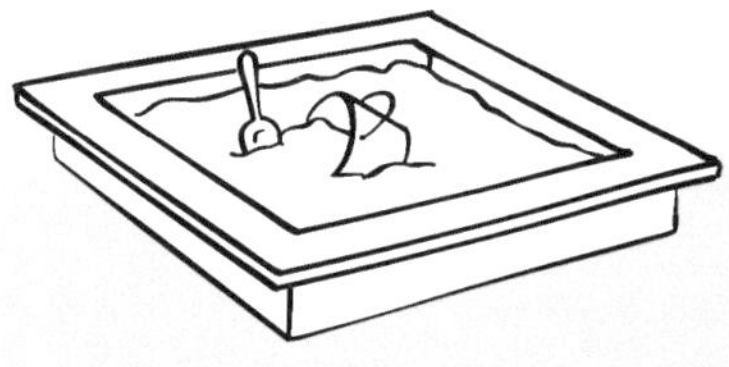

Sandkasten © Dorothee Wolters

Name .... Datum .... AB 2

Körperliche Veränderungen in der Pubertät (1/3)

Wie verändert sich der weibliche Körper in der Pubertät?

Aufgabe:
Klebe die Bilder der Veränderungen, die in der Pubertät auftreten können, auf das passende Feld. Schreibe die passenden Sätze dazu.

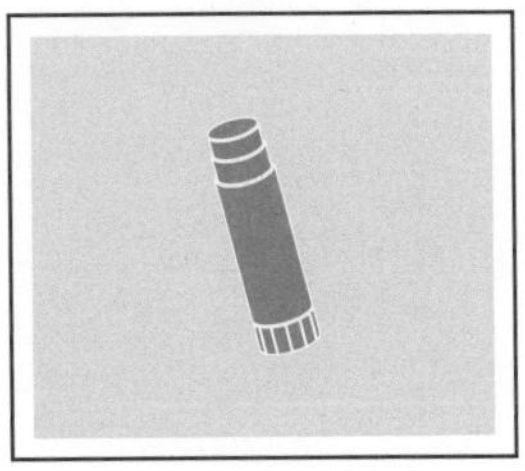

....

....

....

....

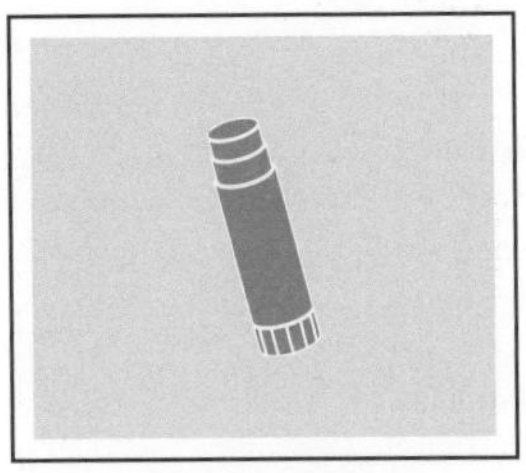

....

Name .... Datum .... AB 2

Körperliche Veränderungen in der Pubertät (2/3)

Wie verändert sich der männliche Körper in der Pubertät?

Aufgabe:

Klebe die Bilder der Veränderungen, die in der Pubertät auftreten können, auf das passende Feld. Schreibe die passenden Sätze dazu.

Name .... Datum .... AB 2

Körperliche Veränderungen in der Pubertät (3/3)

Die Achselhaare wachsen.

Die Brust wird größer.

Die Intimhaare wachsen.

Die Intimhaare wachsen.

Die Stimme wird tiefer.

Die Barthaare wachsen.

Die Achselhaare wachsen.

Der erste Samenerguss kann kommen.

Der Penis kann steif werden.

Die Regelblutung kann einsetzen.

Das Becken wird breiter.

Die Brusthaare wachsen.

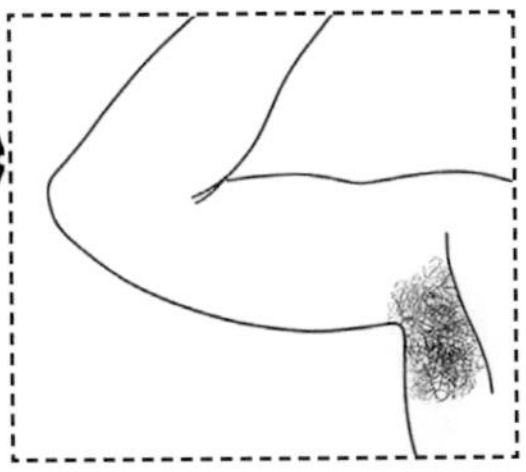
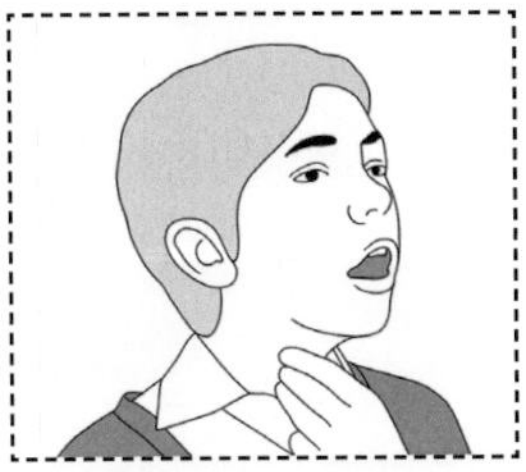
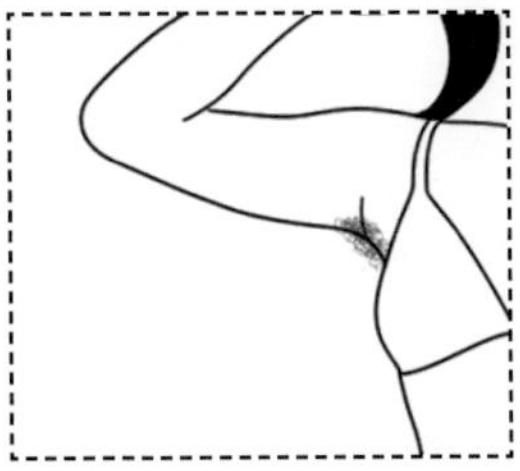
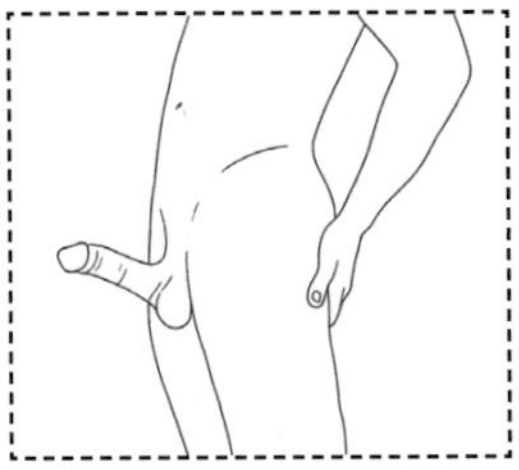
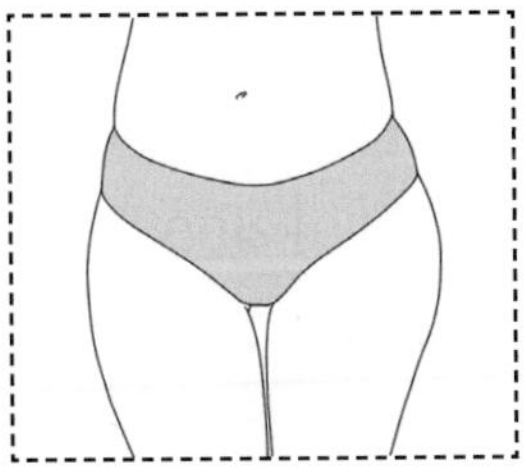
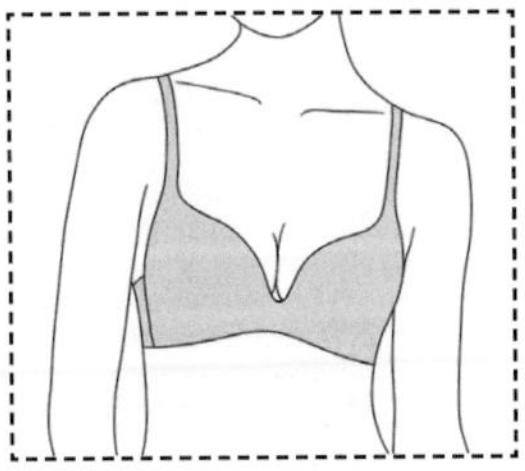
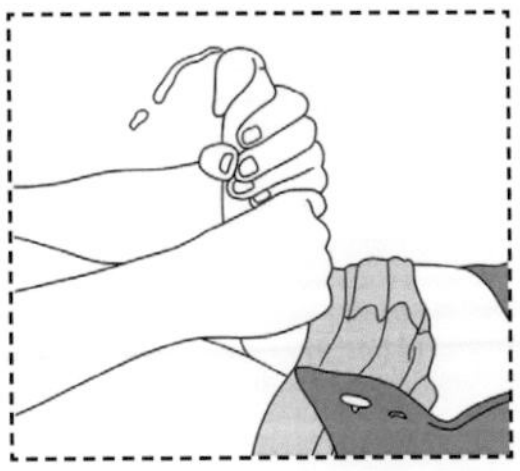

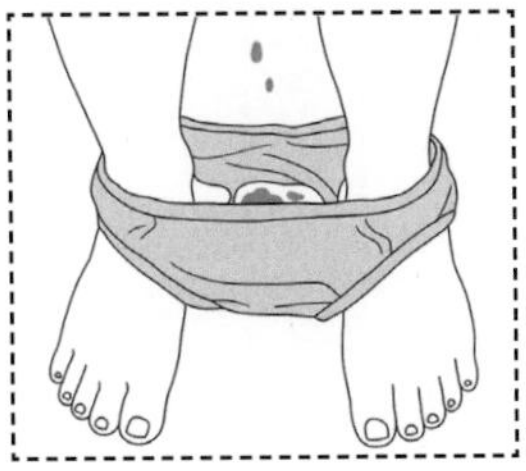
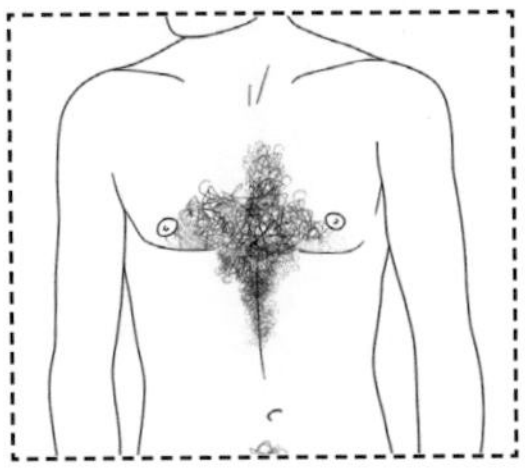
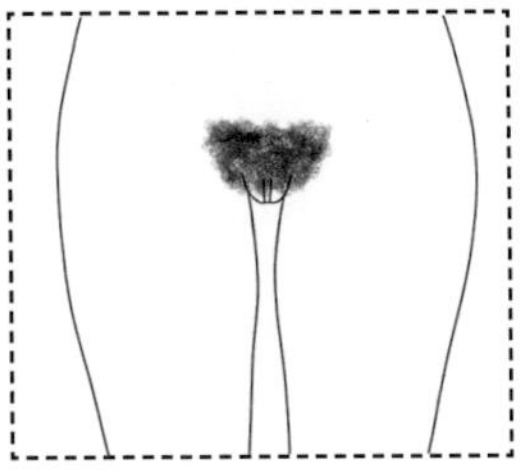
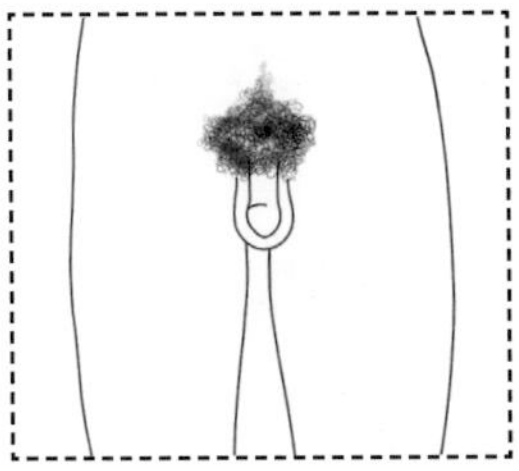

Name .... Datum .... AB 3 a

Körperliche Entwicklung in der Pubertät

Aufgabe:

Sieh dir die zwei Schaubilder an. Was fällt dir auf? Schreibe in die Tabelle die Veränderungen und wann sie passieren.

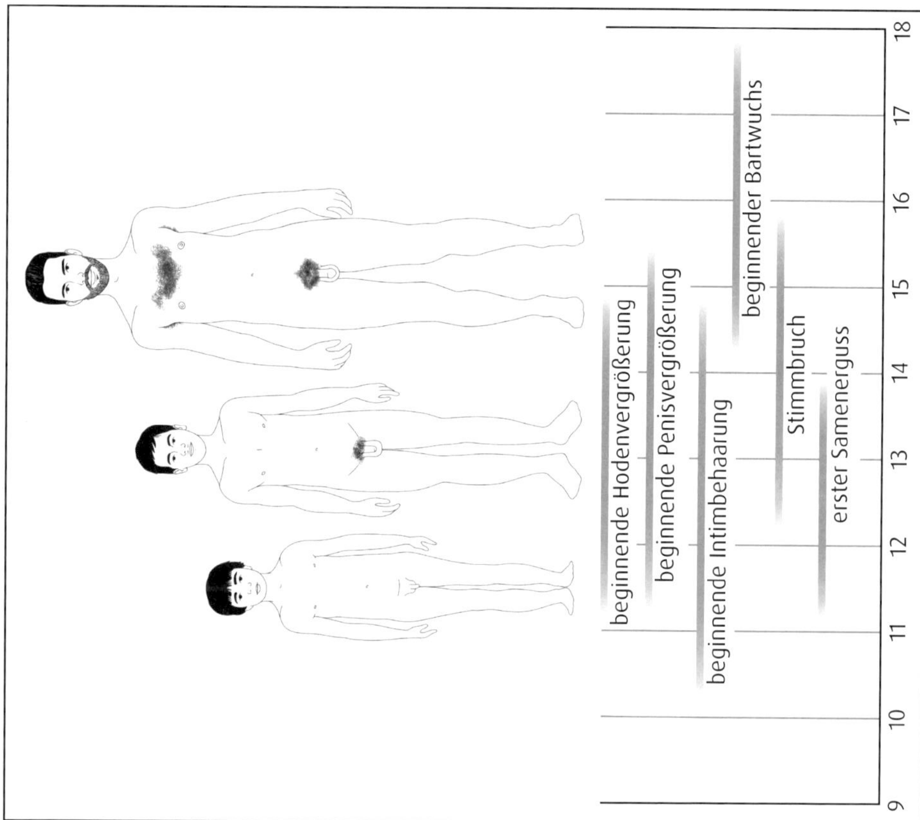

Veränderung	Wann?

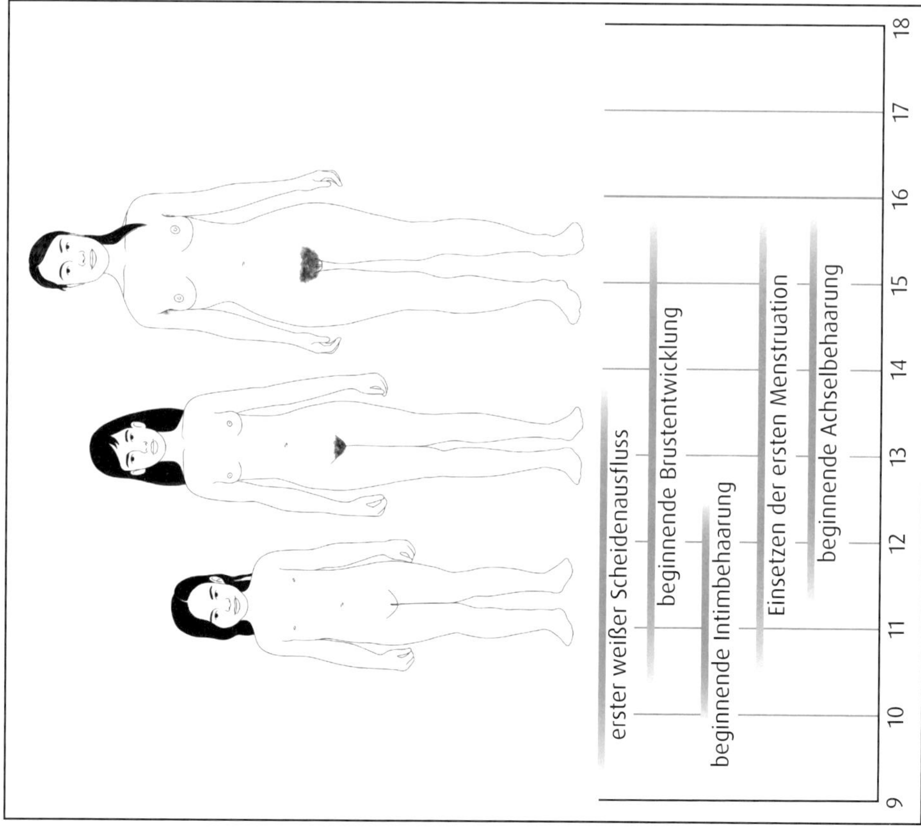

Veränderung	Wann?

Name .... Datum .... AB 3 b

5

Körperliche Entwicklung in der Pubertät

Aufgabe:

Sieh dir die Schaubilder an. Fülle die Lücken aus.

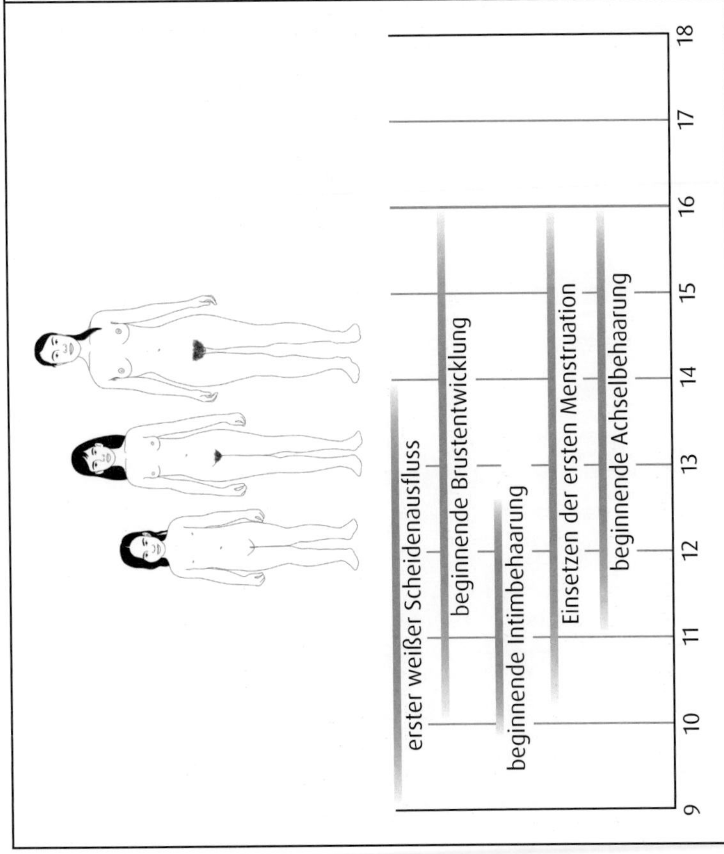

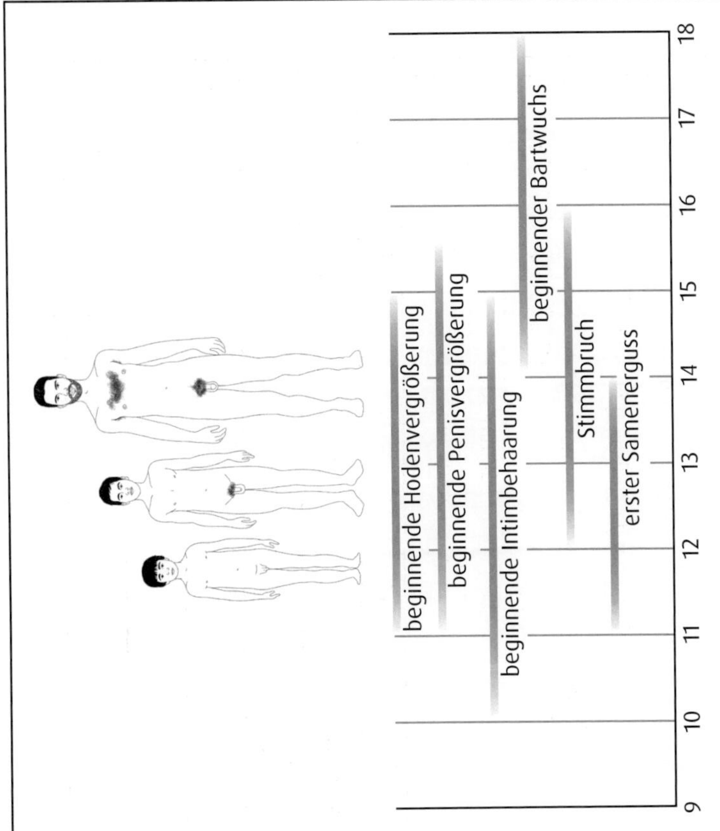

Die Brust entwickelt sich ungefähr zwischen dem .... und dem .... Lebensjahr.	Der Hoden beginnt, sich ab dem .... Lebensjahr zu vergrößern.
Die erste Menstruation setzt ungefähr zwischen dem .... und dem .... Lebensjahr ein.	Zum ersten Samenerguss kommt es ungefähr ab dem .... Lebensjahr.
Die Intimhaare beginnen etwa im Alter von .... , zu wachsen.	Der Penis vergrößert sich ungefähr ab .... Jahren.
Die Achselhaare beginnen ungefähr ab dem .... Lebensjahr, zu wachsen.	Der Bartwuchs setzt ungefähr mit .... Jahren ein.
Der erste weiße Scheidenausfluss tritt zwischen dem .... und dem .... Lebensjahr auf.	Mit ungefähr .... Jahren beginnt der Stimmbruch.

Name .... Datum .... AB 4 a

Pubertät: Veränderungen biologisch weiblicher Körper

Aufgaben:

* Lies den Text. Trage in Partnerarbeit die Veränderungen als Balkendiagramm in die Tabelle ein. Benutze verschiedene Farben.
* Wenn du möchtest, kannst du mit einem Punkt markieren, wann bei dir die jeweilige körperliche Veränderung eingesetzt hat.
* Vergleiche die Tabelle mit den Veränderungen biologisch männlicher Körper.

Pia und Mediha treffen sich. Pia hält einen Artikel aus dem Internet in der Hand und legt los: „Ich dachte eigentlich, die Pubertät fängt bei allen irgendwie gleich an. Aber stell dir vor, da gibt es krasse Unterschiede: Die Intimhaare fangen bei manchen biologisch weiblichen Menschen schon mit 9 ½ Jahren an, zu wachsen, bei anderen erst mit 12 Jahren. Bei einigen beginnt die Brust schon ab 10 Jahren, zu wachsen, bei anderen aber erst mit 15 Jahren. Und oft wechseln sich die Brüste auch noch im Wachstum ab, sodass mal die eine und dann die andere größer ist. Generell kriegen Jugendliche in der Pubertät noch mal einen richtigen Wachstumsschub; biologisch weibliche Menschen so zwischen 10 und 14 ½ Jahren. Und so geht es mit den ganzen Unterschieden weiter. Manche kriegen den Weißfluss ab 9 ½ Jahren und andere wieder erst ab 15 ½ Jahren. Die erste Regelblutung setzt ungefähr mit 10 bis 15 ½ Jahren ein. Die Achselhaare beginnen ungefähr ab dem 12. bis 16. Lebensjahr zu wachsen.
Bei diesen ganzen Unterschieden ist es wirklich Blödsinn, dass wir uns ständig untereinander vergleichen. Alle sind anders und entwickeln sich auch anders. Warum machen wir uns dann den ganzen Stress mit unserem Aussehen?"

Alter	9	10	11	12	13	14	15	16	17	18
Die Intimbehaarung fängt an, zu wachsen.										
Die Brust beginnt, zu wachsen.										
Der Weißfluss setzt en.										
Ein Wachstumsschub setzt ein.										
Die Menstruation setzt ein.										

Alle körperlichen Veränderungen können früher oder später einsetzen.
Es ist völlig normal, wenn sich dein Körper einzigartig entwickelt.
Erst mit ungefähr 17 Jahren ist die Entwicklung biologisch weiblicher Körper abgeschlossen.

Pubertät: Veränderungen biologisch männlicher Körper

Aufgaben:

* Lies den Text. Trage in Partnerarbeit die Veränderungen als Balkendiagramm in die Tabelle ein. Benutze verschiedene Farben.
* Wenn du möchtest, kannst du mit einem Punkt markieren, wann bei dir die jeweilige körperliche Veränderung eingesetzt hat.
* Vergleiche die Tabelle mit den Veränderungen biologisch weiblicher Körper.

Enes und Leon treffen sich. Enes hält einen Artikel aus dem Internet in der Hand und erzählt: „Die ganze Zeit mache ich mir voll den Kopf, warum sich bei mir in Sachen Körper noch nicht so viel tut. Dabei ist alles im grünen Bereich. Hier steht: Die Intimhaare und Hoden fangen bei manchen erst mit 14 ½ Jahren an, zu wachsen, bei anderen dagegen geht es schon mit 10 Jahren los. Der Penis beginnt zwischen 11 ½ und 15 ½ Jahren, zu wachsen. Der erste Samenerguss setzt manchmal schon ab dem 11. Lebensjahr ein und bei anderen erst mit 13 ½ Jahren. Generell kommt es bei biologisch männlichen Körpern so zwischen dem 11. und 15. Lebensjahr zu einem Wachstumsschub. Der Stimmbruch beginnt erst zwischen 12 und 15 ½ Jahren an und der Bartwuchs noch später zwischen dem 14. und 18. Lebensjahr. Also besteht eigentlich kein Grund, Panik zu schieben. Diese Vergleicherei stresst nur voll. Ich lasse es jetzt ruhig angehen."

Alter	9	10	11	12	13	14	15	16	17	18
Die Intimbehaarung fängt an, zu wachsen.										
Beginn des Hodenwachstums										
Erster Samenerguss										
Beginn des Peniswachstums										
Ein Wachstumsschub setzt ein.										
Stimmbruch										
Beginn des Bartwuchses										

Alle körperlichen Veränderungen können früher oder später einsetzen. Es ist völlig normal, wenn sich dein Körper einzigartig entwickelt. Erst mit ungefähr 18 Jahren ist die Entwicklung biologisch männlicher Körper abgeschlossen.

Das passiert in der Pubertät (1/3)

Aufgaben:

* Lies den Text durch. Besprich den Inhalt in Partnerarbeit.
* Beantwortet gemeinsam die Fragen am Ende des Textes.

Die **Hormone** leiten die Pubertät ein. Es ist vor allem das Geschlechtshormon Östrogen, das diese Veränderungen hervorruft. Das Wort „Östrogen" kommt aus dem Griechischen und bedeutet so viel wie „Leidenschaft" oder „Schwung". Der einsetzende **Wachstumsschub** betrifft nicht nur das Längenwachstum, sondern auch die **Einlagerung von Fettgewebe** an Oberarmen, Brust, Gesäß, Hüften und Oberschenkeln. Das Becken wird breiter und die Körperformen werden runder.

Die Haut verändert sich: Die **Schweißdrüsen** und **Talgdrüsen** arbeiten vermehrt. Vor allem an den Achseln, im Intimbereich und an den Füßen entstehen durch die **vermehrte Schweißproduktion** teilweise unangenehme Gerüche. Daher ist es wichtig, sich täglich zu waschen oder zu duschen! Talgknötchen verstopfen die Talgdrüsen und es kommt häufig zu Pickeln, Mitessern oder Akne. Die Pickel sollte man nicht ausdrücken, denn das kann zu Entzündungen führen! Auch die Haare werden oft schneller fettig, als das noch zuvor war.

Die **Körperbehaarung** wird mehr, vor allem in den Achselhöhlen und im Intimbereich. Falls du dich entscheidest, diese Bereiche zu rasieren, solltest du einen Langhaarschneider oder Rasiergel bzw. Rasierschaum und einen Nassrasierer mit beweglicher und scharfer Klinge verwenden.

Die **Brüste** werden größer. Oftmals wachsen die Brüste unterschiedlich schnell und auch die Farben der Brustwarzen können unterschiedlich sein. Mit 15 Jahren ist die Brust meist ausgewachsen.

Beim Kauf eines BHs kann man sich beraten lassen. Dabei werden der Brustumfang (Kleidergröße 34–44 bzw. Umfang in Zentimetern) und die Körbchengröße (beginnend mit den Buchstaben AA bis G und darüber hinaus) gemessen.

Die **Geschlechtslippen** und das Geschlechtsorgan verändert sich: Die Geschlechtslippen werden größer und die inneren Organe reifen aus. Die Scheide sondert eine Flüssigkeit ab: den Zervixschleim oder **Weißfluss**. Diese Flüssigkeit verändert die Farbe, den Geruch und die Zusammensetzung im Laufe eines Zyklus. Sie ist durchsichtig, milchig oder bräunlich. Vor dem Eisprung zieht der Schleim Fäden. Ungefähr innerhalb eines Jahres nach Beginn des Weißflusses setzt die erste Regelblutung ein. Die Vagina schützt sich so vor Bakterien.

Name .... Datum .... AB 5a

Das passiert in der Pubertät (2/3)

Häufig ändert sich auch der Geruch der Scheide. Die Drüsen scheiden **unterschiedliche Duftstoffe** aus und werden auch durch die Speisen, die man zu sich nimmt, mit beeinflusst.

Wenn der Zyklus beginnt, setzt ungefähr alle 28 Tage eine **Regelblutung** ein. Es braucht einige Zeit, bis sich der Zyklus eingespielt hat und wirklich regelmäßig ist. Die Regelblutung tritt zwischen dem 10. und 16. Lebensjahr das erste Mal auf. Der Zyklus wirkt sich nicht nur auf den Körper, sondern auch auf die Gefühle, das Gehirn, die Lust und das Gewicht aus.

Mit dem Einsetzen der Blutung bis zu ihrem Ende in den **Wechseljahren** (mit ungefähr 51 Jahren) besteht die Möglichkeit einer Schwangerschaft.

Manche Menschen leiden regelmäßig, kurz bevor sie ihre Tage bekommen, unter dem Prämenstruellen Syndrom (PMS), das mit starken Stimmungsschwankungen verbunden ist. Einige haben starke Schmerzen während ihrer Periode. Und wiederum andere spüren kaum, dass sie ihre Periode bekommen haben.

Während der Tage ist es wichtig, besonders gut auf die **Körperhygiene** zu achten.

Auch der **Schlaf-Wach-Rhythmus** ändert sich in der Pubertät. Das **Hormon Melatonin** macht müde. Dieses Hormon wird bei Jugendlichen ca. zwei Stunden später gebildet als bei Erwachsenen. Daher sind Jugendliche oft abends noch fit und morgens müde.

In der Pubertät kommt es häufig zu **Konflikten, plötzlichen Gefühlsschwankungen** und nichts ist so, wie man es sich wünscht. Jugendliche ecken dann häufig mit den Erwachsenen an, die sie nicht verstehen. Diese Phase erleben manche Jugendliche sehr intensiv, manche weniger. Sicher ist, dass diese Phase vorbeigeht!

Viele Jugendliche wollen sich ausprobieren und kennenlernen. Sie trinken übermäßig Alkohol, nehmen Drogen, fangen an, zu rauchen, oder üben Dinge extrem aus, wie z. B. riskante Sportarten. **Achte gut auf dich!**

Nun steht auch das sich entwickelnde Körpergefühl und Körperbewusstsein im Mittelpunkt. Jugendliche vergleichen sich und machen viel, um sich und anderen zu gefallen und auch um aufzufallen.

Jetzt ist auch die Zeit, in der man den Gynäkologen/die Gynäkologin aufsuchen sollte. Es gibt spezielle Sprechstunden für Jugendliche, die zum ersten Mal dort hingehen. Und denke daran: **Es kann spätestens jetzt beim Geschlechtsverkehr zu einer Schwangerschaft kommen!**

Name .... Datum .... AB 5 a

Das passiert in der Pubertät (3/3)

1. Wie heißt das weibliche Geschlechtshormon, das in der Pubertät vor allem wirkt?

....

2. Welche sichtbaren Veränderungen treten in der Pubertät auf?

....

....

....

....

3. Welche Veränderungen treten am weiblichen Geschlechtsorgan auf?

....

....

....

4. Wie verändert sich der Weißfluss vor dem Eisprung?

....

....

....

5. Wie häufig ist die Regelblutung ungefähr?

....

....

....

6. Ab wann kann es zu einer Schwangerschaft kommen?

....

7. Was würdest du jemandem in der Pubertät raten? Was sollte man beachten? Schreibe fünf Tipps auf. Der Text gibt dir Hinweise dazu.

....

....

....

....

....

Das passiert in der Pubertät (1/3)

Aufgaben:

* Lies den Text durch. Besprecht den Inhalt in Partnerarbeit.
* Beantwortet gemeinsam die Fragen am Ende des Textes.

Die Hormone leiten die Pubertät ein, vor allem das Geschlechtshormon Testosteron. Der **Wachstumsschub** setzt meist mit dem 11. Lebensjahr ein und wirkt sich anfangs auf Arme, Beine, Füße und den Penis aus. Das wirkt oft etwas schlaksig. Bis zum 18. Lebensjahr werden dann auch **Schultern und Brust** breiter und die Muskeln deutlich sichtbar.

In der Pubertät verändert sich die Haut: Die **Schweißdrüsen** und **Talgdrüsen** arbeiten vermehrt. Vor allem an den Achselhöhlen, an den Geschlechtsorganen und Füßen entstehen teilweise unangenehme Gerüche. Daher ist es wichtig, sich täglich zu waschen oder zu duschen! Auch im Gesicht und an anderen Poren des Körpers treten vorübergehend Veränderungen auf. Talgknötchen verstopfen die Talgdrüsen und es kommt häufig zu Pickeln, Mitessern oder Akne. Die Pickel sollte man nicht ausdrücken, denn das kann zu Entzündungen führen!

Auch die Haare werden in der Pubertät häufig schneller fettig, als das noch zuvor war.

Wenn der Körper zu viel Testosteron produziert, wandelt er es in Östrogen um, das zu vergrößerten Brustansätzen führt. Diese verschwinden normalerweise meist spätestens am Ende der Pubertät wieder.

In der Pubertät nimmt die **Behaarung am Körper** zu. Die **Intimhaare** beginnen, an der **Peniswurzel** zu sprießen, und **Achselhaare** wachsen in den Achselhöhlen. Etwa zwei Jahre später wachsen dann auch das restliche Brusthaar und der Bart.

Ab etwa dem 12. Lebensjahr wächst der **Kehlkopf** und der **Adamsapfel** bildet sich aus. Der **Stimmbruch** beginnt. Die Stimme klingt dann manchmal recht heiser und ist nicht sehr belastbar. Aber das geht wieder vorbei und die Stimme entwickelt schließlich ihre dauerhafte Tonlage.

Im **Genitalbereich** finden auch Veränderungen statt: Die **Hoden** und der **Penis** wachsen. Der Hoden beginnt zwischen dem 11. und 15. Lebensjahr, die Samenflüssigkeit zu bilden. Die Haut des Hodensacks wird dunkler und es beginnen dort Haare zu wachsen.

Das passiert in der Pubertät (2/3)

Ungefähr ein Jahr nach dem Einsetzen der pubertären Veränderung kommt es zum **ersten Samenerguss**. Der Penis wird immer öfter steif, auch ohne zusätzlichen äußeren Reiz. Es wirkt, als hätte er ein „Eigenleben" und es kann zur **plötzlichen Erektion** (Steifheit) kommen. Nachts können sogenannte **„feuchte Träume"** auftreten („Pollution") und in den Morgenstunden kann es zu einem plötzlichen steifen Penis (einer sogenannten „Morgenlatte") kommen. Das ist nicht peinlich. Es sind Anzeichen für Geschlechtsreife und Zeugungsfähigkeit.

Meist hängt ein Hoden tiefer als der andere. Auch sieht jeder Penis anders aus. Es gibt kleine, dicke, lange, krumme, gerade und dünne Penisse. Alle sind völlig normal und okay!

Der Penis ist etwa zwischen dem 16. und 18. Lebensjahr ausgewachsen.

Auch der **Schlaf-Wach-Rhythmus** ändert sich. Das **Hormon Melatonin** macht müde. Dieses Hormon wird bei Jugendlichen ca. zwei Stunden später gebildet als bei Erwachsenen. Daher sind Jugendliche oft abends noch fit und morgens müde.

In der Pubertät kommt es häufig zu **Konflikten, plötzlichen Gefühlsschwankungen** und nichts ist so, wie man es sich wünscht. Jugendliche ecken dann häufig mit den Erwachsenen an, die sie nicht verstehen. Diese Phase erleben manche Jugendliche sehr intensiv, manche weniger. Sicher ist, dass diese Phase vorbeigeht!

Viele Jugendliche wollen sich ausprobieren und kennenlernen. Sie trinken übermäßig Alkohol, nehmen Drogen, fangen an, zu rauchen, oder üben Dinge extrem aus, wie z. B. riskante Sportarten. **Achte gut auf dich!**

Nun steht auch das sich entwickelnde Körpergefühl und Körperbewusstsein im Mittelpunkt. Jugendliche vergleichen sich und machen viel, um sich und anderen zu gefallen und auch um aufzufallen.

Und denke daran: **Es kann spätestens jetzt beim Geschlechtsverkehr zu einer Schwangerschaft kommen!**

Name .... Datum .... AB 5 b

Das passiert in der Pubertät (3/3)

1. Wie heißt das männliche Geschlechtshormon, das in der Pubertät vor allem wirkt?

....

2. Welche sichtbaren Veränderungen treten in der Pubertät auf?

....

....

....

....

....

3. Welche Veränderungen treten am männlichen Geschlechtsorgan auf?

....

....

....

4. Was ist eine Erektion?

....

....

....

5. Ab wann ist man zeugungsfähig?

....

....

....

6. Was würdest du jemandem in der Pubertät raten? Was sollte man beachten? Schreibe fünf Tipps auf. Der Text gibt dir Hinweise dazu.

....

....

....

....

....

Hormone

Hintergrundinformationen

Hormone, auch Botenstoffe genannt, sind chemische Wirkstoffe, die der Regulierung und Steuerung wichtiger Lebensvorgänge dienen. Sie werden in unterschiedlichen Zellen oder Hormondrüsen produziert und ins Blut abgegeben. Hormone lösen eine Reaktion in Zielzellen oder Organen aus und sorgen dafür, dass Organe und Zellen im Körper miteinander kommunizieren können. Die Eierstöcke produzieren die Hormone Östrogen und Gestagen, die Hoden das Hormon Testosteron. Diese sind für die körperlichen Veränderungen in der Pubertät verantwortlich. Hormone sind an der Steuerung und Regulierung vieler Körperfunktionen beteiligt, wie z. B. des Stoffwechsels, der Fortpflanzung, des Wachstums und der Entwicklung, der Stimmung und des Verhaltens.

Übersicht der Unterrichtsmaterialien

* menschlicher Torso (Modell)
* Farbkarten (je 3 pro gewählter Farbe)
* AB 5.6 Hormone (Infotext) (→ S. 103)
* AB 5.7 Die Hormondrüsen (→ S. 104)
* AB 5.8 Was sind Hormone und wie wirken sie? (→ S. 105)
* AB 5.9 Sexualhormone (Infotext) (→ S. 106)
* AB 5.10 So wirken die Hormone (→ S. 107)

Einstieg

Diese Einheit ist etwas komplizierter und daher eher für leistungsstärkere Schüler*innen geeignet. Zum Einstieg zeigen Sie den Schüler*innen einige Bezeichnungen der verschiedenen Hormone als stummen Impuls: Östrogen, Progesteron, Testosteron. Die Schüler*innen können ihr Vorwissen hierzu einbringen und äußern, was sie bereits über Hormone und ihre Wirkung wissen.

Erarbeitung & Sicherung

Lesen Sie den Infotext zu den Hormonen auf AB 5.6 Hormone (Infotext) (→ S. 103) gemeinsam mit den Schüler*innen. Zeigen Sie an einem Torso die Organe, an denen die Hormondrüsen liegen, und erläutern Sie die Vorgehensweise der Botenstoffe im Körper. Die Reizweiterleitung kann anschließend spielerisch anhand der folgenden Übung umgesetzt werden.

Spiel „Botenstoffe"

Für das Spiel wird ein*e Stellvertreter*in für die Hormondrüsen (am besten die Lehrkraft) benötigt, einige Schüler*innen, die als Hormone agieren, und einige Schüler*innen als Vertreter*innen des Körpers. Weiterhin benötigen Sie Platz für die Ausführung. Die Lehrkraft spielt „Drüse" und ruft einige Schüler*innen als „Botenstoffe" zu sich, die dann dem „Körper" bestimmte Aufgaben erteilen. Die Schüler*innen erfahren, welche Botenstoffe welche Veränderungsprozesse hervorrufen. Dies kann anschließend mit unterschiedlichen Farbkarten am Torso visualisiert werden., z. B. mit drei grünen Farbkarten mit den Begriffen „Hoden" – „Testosteron" – „Bartwachstum". Das AB 5.7 Die Hormondrüsen (→ S. 104) dient der Erläuterung und Festigung.

Anhand des Infotextes zu den Sexualhormonen AB 5.9 Sexualhormone (Infotext) (→ S. 106) wird geklärt, welche Sexualhormone welche Wirkung haben. Das Arbeitsblatt AB 5.10 So wirken die Hormone (→ S. 107) kann zur Differenzierung eingesetzt werden. Paarweise und in einer vertrauten Atmosphäre können die Schüler*innen zum Abschluss berichten, welche durch Hormone verursachten Veränderungen sie bereits an sich wahrnehmen und wie es ihnen damit geht. Wenn es die Zusammensetzung und Situation in der Klasse erlauben, können die Ergebnisse im Unterrichtsgespräch zusammengetragen werden. Ein Schwerpunkt hierbei sollte auf der psychoemotionalen Gefühlslage liegen.

Hormone (Infotext)

Hormone sind chemische Wirkstoffe (auch Botenstoffe genannt), die wichtige Vorgänge im Körper steuern. Hormone werden in unterschiedlichen Zellen oder Hormondrüsen produziert und ins Blut abgegeben. Dann lösen sie eine Reaktion in Zielzellen oder Organen aus.

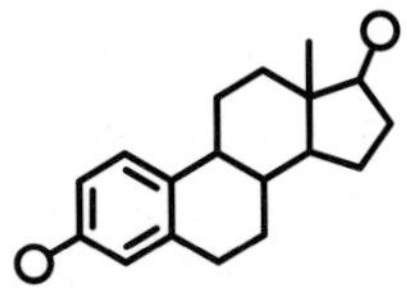

Hormone sind an vielen Körperfunktionen beteiligt, wie zum Beispiel am Stoffwechsel, an der Fortpflanzung, am Wachstum und an der Stimmung und dem Verhalten. Einige wichtige Hormone heißen zum Beispiel Serotonin, Noradrenalin, Adrenalin, Testosteron, Oxytozin, Cortisol und Insulin.

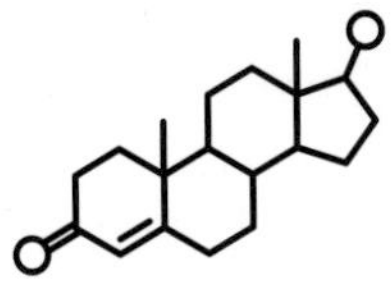

Das Gehirn ist die wichtigste Schaltstelle. Im Hypothalamus (Zwischenhirn) und der Hypophyse (Hirnanhangsdrüse) wird die Produktion und Ausschüttung der Hormone geregelt. Sie geben auch Aufträge an die Keimdrüsen, also die Drüsen in den Eierstöcken und Hoden weiter.

Hormondrüsen sind im ganzen Körper verteilt. Die Schilddrüse befindet sich im Hals. Die Thymusdrüse ist auf Höhe des Herzens. Die Bauchspeicheldrüse und die Nebennieren befinden sich im Bauch. Die Keimdrüsen sind in den Eierstöcken beziehungsweise in den Hoden.

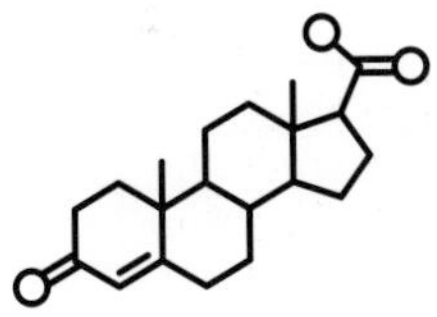

Die Zirbeldrüse (im Gehirn) und die Thymusdrüse (neben dem Herzen) sind nur in der Kindheit und frühen Pubertät aktiv.

Hormone transportieren wichtige Informationen durch den Körper. Die Informationen werden mithilfe der Hormone von den Drüsen in der Blutbahn weitergegeben.

Die Hormone regen dann zum Beispiel den Stoffwechsel an. Das heißt, dass du Hunger oder Durst bekommst. Die Wachstumshormone wirken zum Beispiel auf dein Knochenwachstum und steuern somit deine Körpergröße.

Die Sexualhormone wirken unter anderem auf das Wachstum der Eierstöcke, der Gebärmutter, der Brüste oder die Produktion des Spermas. Sie bewirken auch, dass du erregt oder verliebt bist.

Name .... Datum .... AB 7

5

Die Hormondrüsen

Die Hormondrüsen des Menschen produzieren Hormone und geben diese an das Blut ab. In der Abbildung unten siehst du, wo sich wichtige Hormondrüsen in unserem Körper befinden. Jede dieser Drüsen bildet ein oder mehrere Hormone.

Aufgabe:

* Beschrifte die Hormondrüsen:

Lösung: *

Begriffe: Schilddrüse, Thymusdrüse, Bauchspeicheldrüse, Hirnanhangsdrüse (Hypophyse), Hypothalamus, Nebennieren, Keimdrüsen (in Hoden, Eierstöcken)

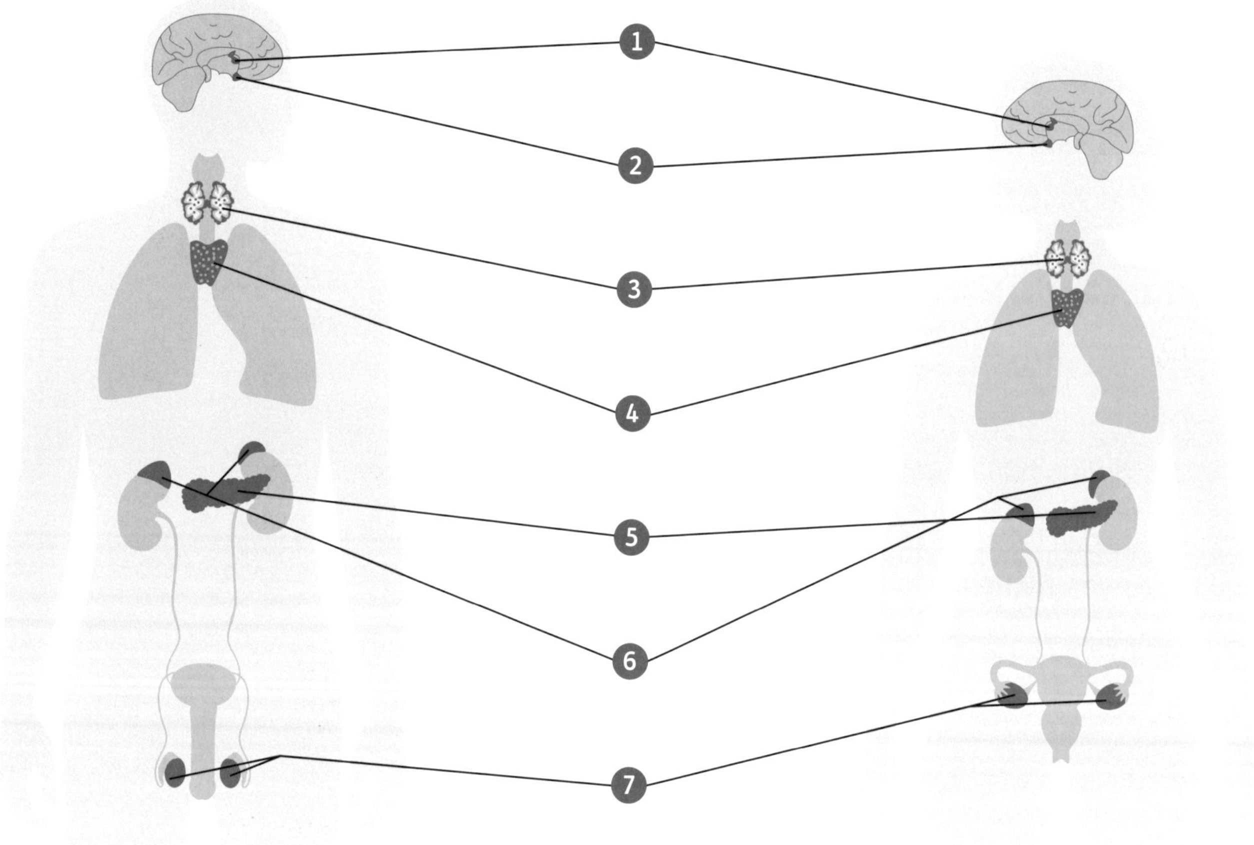

1 ....

2 ....

3 ....

4 ....

5 ....

6 ....

7 ....

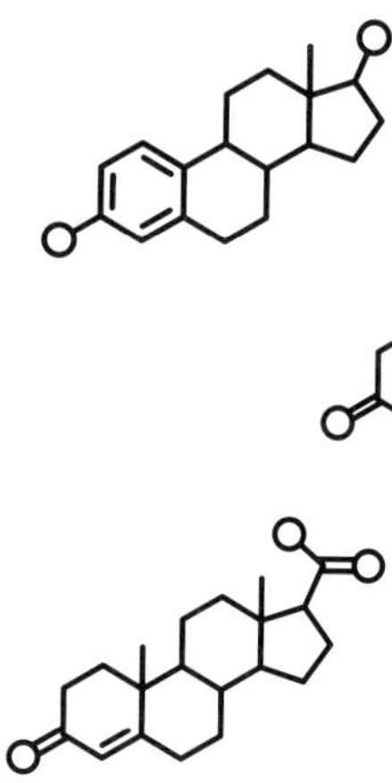

*Download-Link: https://cloud.verlagruhr.de/lerninhalt/nCYyhQnjK5YU/

Name .... Datum .... AB 8

Was sind Hormone und wie wirken sie?

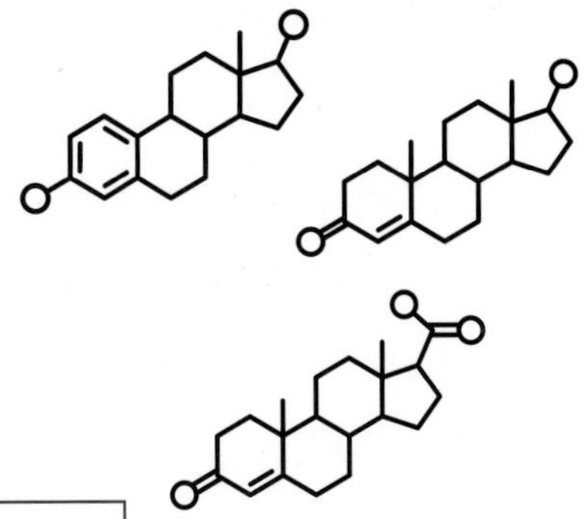

Aufgabe:

* Lies den Text.
* Unterstreiche alle Hormonnamen, die du im Text findest, blau. (Es sind zehn Begriffe.)
* Fülle die Lücken aus.

Begriffe: Gehirn, Blutbahn, Steuerung, Botenstoffe, Wachstumshormone, Sexualhormone

Hormone, die Botenstoffe des Körpers, wirken auf viele Funktionen des Körpers und der Psyche.

Hormone sind chemische Wirkstoffe, die der Regulierung und _ _ _ _ _ _ _ _ _ wichtiger Lebensvorgänge in deinem Körper dienen. Sie heißen z. B. Serotonin, Noradrenalin, Adrenalin, Testosteron, Oxytozin, Kortisol und Insulin. Die Hormone transportieren wichtige Körperinformationen und werden daher auch _ _ _ _ _ _ _ _ _ _ _ _ _ genannt. Die Informationen werden mithilfe der Hormone von den Drüsen in der _ _ _ _ _ _ _ _ weitergegeben. Sie regen dann zum Beispiel den Stoffwechsel an, du bekommst Hunger oder Durst.
Die _ _ _ _ _ _ _ _ _ _ _ _ _ _ _ _ wirken beispielsweise auf dein Knochenwachstum und steuern somit deine Körpergröße.
Die _ _ _ _ _ _ _ _ _ _ _ _ _ wirken unter anderem auf das Wachstum der Eierstöcke, der Gebärmutter, der Brüste oder die Produktion des Spermas. Sie bewirken auch, dass du erregt oder verliebt bist.
Das _ _ _ _ _ _ ist die wichtigste Schaltstelle. Im Zwischenhirn und der Hirnanhangsdrüse wird die Produktion und Ausschüttung der Hormone geregelt.

Name .... Datum .... AB 9

Sexualhormone (Infotext)

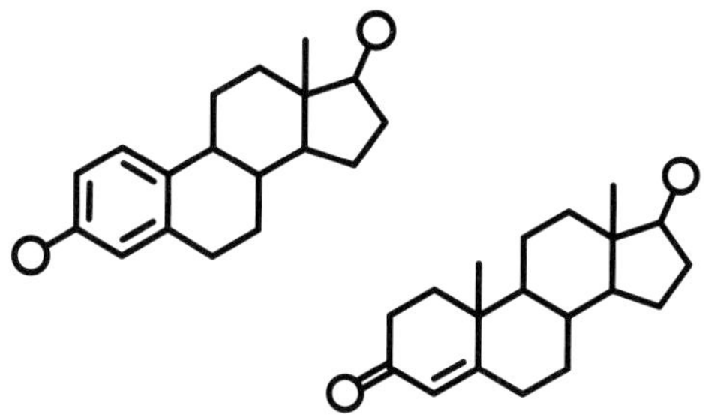

Aufgaben:

* Lies den Text.
* Unterstreiche im Text die Namen aller Hormone.
* Formuliere Fragen zu deinen Unterstreichungen, zum Beispiel: FSH → Wofür steht die Abkürzung?

In der Pubertät haben die Hormone einen starken Einfluss auf die Veränderungen von Jugendlichen. Die Sexualhormone werden vor allem von den Hoden und den Eierstöcken produziert.

In den Hoden wird das Hormon Testosteron produziert. Dieses steuert die Entwicklung und Funktion der biologisch männlichen Geschlechtsorgane. Außerdem ist es zuständig für die Fettverteilung, die größeren Muskeln, die dickere Haut, es regt den Bartwuchs an und sorgt für die tiefere Stimme. Auch bei biologisch weiblichen Menschen wird das Hormon Testosteron in den Eierstöcken produziert. Es sorgt bei den Menschen unter anderem für Lust, Antrieb und Ausdauer.

In den Eierstöcken werden die Hormone Östrogen und Progesteron produziert. Sie regeln die Entwicklung und Funktion der biologisch weiblichen Geschlechtsorgane und die Entwicklung von sekundären Geschlechtsmerkmalen, wie Brustentwicklung und Körperbau. Vor allem während der Schwangerschaft und in den Wechseljahren ändert sich der Hormonstatus. Auch der Zyklus wird durch Hormone bestimmt.

Es gibt noch weitere Hormone, die die Eierstöcke beeinflussen. Sie heißen FSH und LH. Das sind Abkürzungen für: follikelstimulierendes Hormon und luteinisierendes Hormon. Sie bewirken, dass die Eierstöcke Östrogene und Gestagene bilden. Diese Hormone beeinflussen das Brustwachstum, die Funktion der Eierstöcke und die der Gebärmutter.

Jeder Mensch wird mit einer individuellen Mischung von männlichen und weiblichen (Hormon-)Anteilen geboren. So klar getrennt, wie viele denken, sind „Mann" und „Frau" also gar nicht!

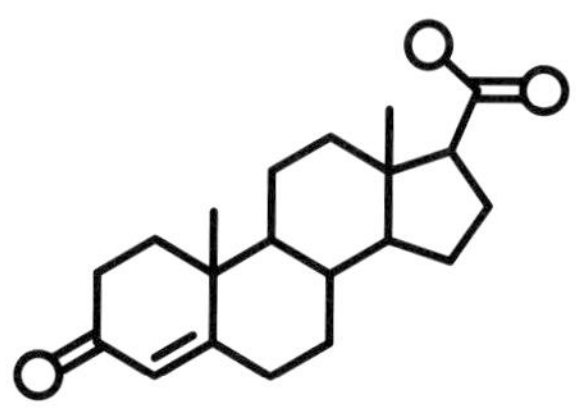

Name .... Datum .... AB 10

So wirken die Hormone

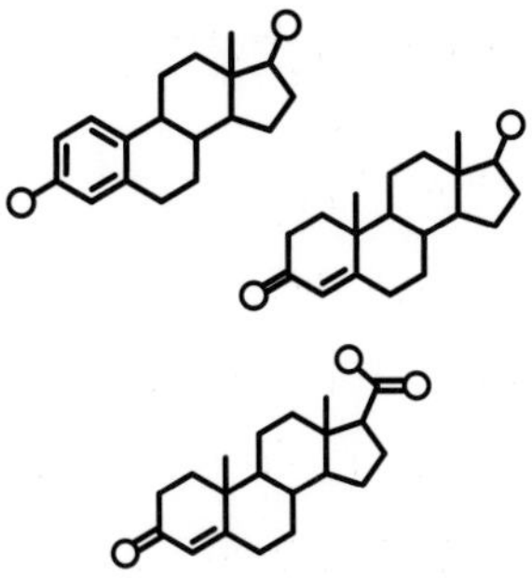

Hier siehst du ein Beispiel dafür, wie Hormone wirken.
Mithilfe der Hormone wird ein Auftrag vom Gehirn in den Körper versandt.

Aufgabe:

✱ Klebe die Bilder und Texte an die passenden Stellen.

	→		→	
	gibt mithilfe der		den Auftrag zur	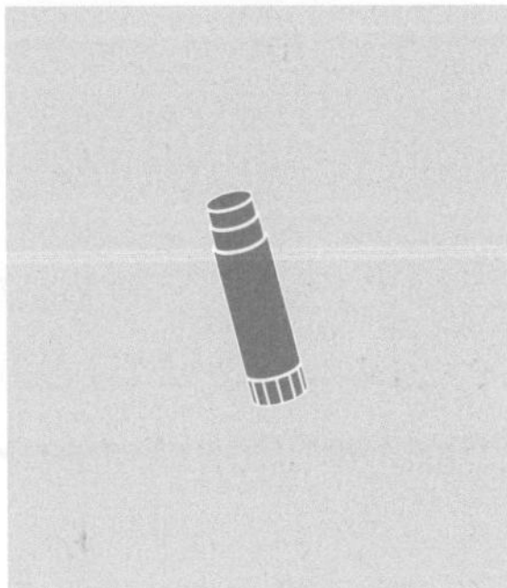

Erektion des Penis

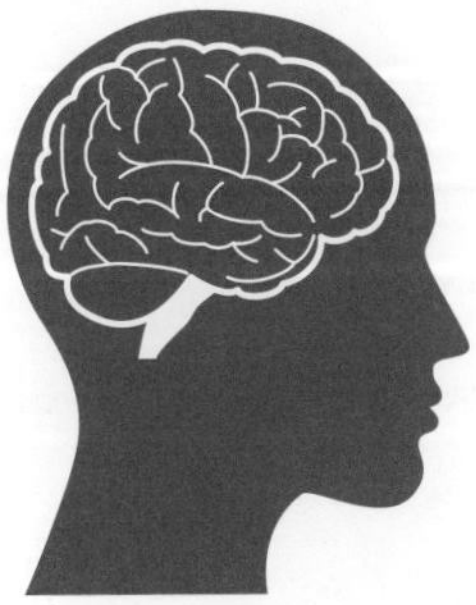

Das Gehirn

Botenstoffe/ Hormone

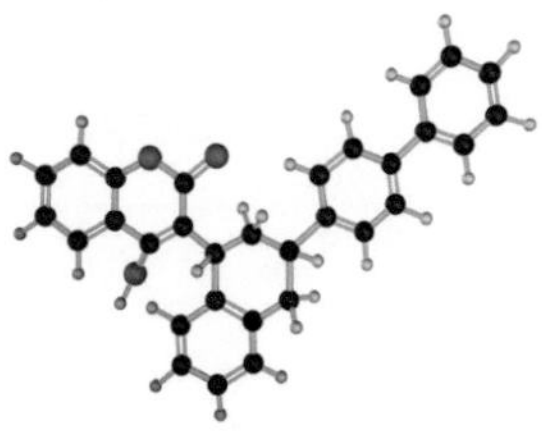

6 Vertiefungsmaterial

Der Zyklus, PMS, das Hymen

Hintergrundinformationen

Die erste Regelblutung wird auch Menarche genannt. Sie setzt meist zwischen dem 9. und 14. Lebensjahr ein. Ein Zyklus dauert ungefähr 28 Tage und wird in Phasen unterteilt.

Die erste Phase (Follikelphase) reicht von Beginn der Menstruationsblutung bis zum Eisprung. Die Dauer der Follikelphase kann sehr schwankend sein (meist zwischen 12 und 15 Tagen).

Die zweite Phase (Lutealphase) reicht vom Eisprung, der Ovaluation, bis zum Tag vor der nächsten Blutung. Die Dauer ist konstanter als die der Follikelphase und beträgt ca. 12 bis 16 Tage. Gesteuert wird der Zyklus durch Hormone, ausgehend vom Zwischenhirn (Hypothalamus), der Hirnanhangsdrüse (Hypophyse) und den Eierstöcken.

In den Eierstöcken wird das Sexualhormon Östradiol von den heranreifenden Eibläschen (Follikel) produziert. Es sorgt dafür, dass die Schleimhaut in der Gebärmutter aufgebaut wird. Wenn die Eizelle im Eibläschen schließlich herangereift ist, wird der Eisprung ausgelöst.

Mit dem Eisprung beginnt nun die zweite Phase. Hier kommen die Hormone LH (luteinisierendes Hormon) und FSH (follikelstimulierendes Hormon) besonders ins Spiel. (LH ist der Auslöser des Eisprungs. Es wird im Vorderlappen der Hirnanhangsdrüse [Hypophyse] produziert. Nach dem Eisprung fördert LH außerdem die Entwicklung des Gelbkörpers aus der verbliebenen Eihülle, dem Follikel. FSH bewirkt unter anderem das Heranreifen des Eis im Eierstock. Die FSH-Ausschüttung aus dem Hypophysenvorderlappen wird vom übergeordneten Hypothalamus gesteuert.)

Beim Eisprung wandert die Eizelle in drei bis vier Tagen den Eileiter hinunter bis in die Gebärmutter. Eine Eizelle kann ab dem Eisprung etwa 12 bis 18 Stunden lang befruchtet werden.

Wenn keine Befruchtung stattgefunden hat, wird die oberste Schleimhautschicht in der Gebärmutter abgestoßen und die Regelblutung wird ausgelöst.

In der ersten Phase der Menstruation dominiert das Östrogen. Nach dem Eisprung, der – sofern keine Hormonpräparate (z. B. die Pille) eingenommen werden – häufig als Ziehen im Unterleib wahrgenommen wird, steigt das Progesteron. In dieser Zeit kann erhöhte Reizbarkeit und Unkonzentriertheit auftreten. Teilweise treten Übellaunigkeit und somatische Beschwerden auf. Diese Beschwerden werden auch unter PMS (Prämenstruelles Syndrom) zusammengefasst.

Es dauert einige Monate, bis sich der Zyklus bei Jugendlichen einpendelt und regelmäßig ist. Er kann durch Emotionen und Stress stark beeinflusst werden.

Übersicht der Unterrichtsmaterialien

* Scheidenmodell
* Tafelbilder zur Monatsblutung (➜ siehe Download)
* große Tücher oder Decken für das szenische Spiel (rot, weiß), 2 Hula-Hoop-Reifen
* AB 6.1 Der Zyklus (➜ S. 112–114)
* AB 6.2 a Der Zyklus (Schaubild) (➜ S. 115)
* AB 6.2 b Der Zyklus (Schaubild) (differenziert ➜ S. 116)
* AB 4.4 Der Menstruationskalender (➜ S. 82)
* AB 6.3 PMS – Was ist das? (➜ S. 117)
* AB 6.4 Das Hymen (vaginale Korona) (➜ S. 118)
  Zur Ergänzung empfehle ich die Internetseite: https://www.lilli.ch/leichte_sprache, die dieses und weitere Themen in leichter Sprache aufgreift und gut verständlich informiert.

Einstieg

Die Schüler*innen können von Erfahrungen mit der Regelblutung berichten und sich darüber austauschen. Falls nicht zuvor schon das Vokabular für die Regelblutung abgeglichen wurde, ist es an dieser Stelle sinnvoll, dies nachzuholen und die gebräuchlichen Begriffe zusammenzutragen, damit die Schüler*innen die verschiedenen Begrifflichkeiten kennen, wenn sie ihnen im Alltag begegnen: Regelblutung, Tage, Blutung, Periode, Erdbeertage, Menstruation …

Erarbeitung & Sicherung

Erläutern Sie anhand eines Scheidenmodells und der Tafelbilder zur Monatsblutung (→ siehe Download) zunächst den weiblichen Zyklus und die Eiwanderung und besprechen dies mit den Schüler*innen. Zum besseren Verständnis kann der Zyklus anschließend in Form eines Szenenspiels nachgespielt und somit besser nachvollzogen werden. Ein*e Freiwillige*r spielt die Eizelle. Die Vagina wird in Übergröße mit weißen Tüchern auf dem Boden ausgelegt und die Eierstöcke werden durch die Hula-Hoop-Reifen dargestellt. Die Eizelle darf dann wandern. Einige Schüler*innen betten die Gebärmutter bei der Eireifung und Eiwanderung mit roten Tüchern aus bzw. nehmen die Tücher weg, wenn es zur Blutung kommt.

Anhand der AB 6.1 Der Zyklus (→ S. 112–114) wird dann der Monatszyklus intensiver bearbeitet. AB 6.2 a und 6.2 b Der Zyklus (Schaubild) (→ S. 115/116), welches in zwei Niveaustufen vorhanden ist, dient der Sicherung.

Falls bisher noch nicht eingeführt, kann an dieser Stelle auch der Menstruationskalender thematisiert werden (siehe S. 82). Zum Abschluss können die Schüler*innen nochmals die Beckenlockerungsübungen (siehe Kapitel 4, → S. 77/78) durchführen. Ebenso sollten die Informationen zur Hygiene während der Menstruation noch einmal angesprochen werden (siehe S. 76 f).

Das Prämenstruale Syndrom (PMS) wird im Stuhlkreis besprochen. Das Arbeitsblatt AB 6.3 PMS – Was ist das? (→ S.117) kann hierbei unterstützend herangezogen werden. Im Anschluss können die Schüler*innen dieses Arbeitsblatt selbst ausfüllen.

Besprechen Sie mit den Schüler*innen, was sie bei PMS tun können bzw. wie sie jemanden unterstützen können, der PMS hat. Dies können die Schüler*innen für sich notieren.

- ausreichend schlafen
- den Kreislauf in Schwung bringen: Bewegung, Sport, frische Luft, Wechselduschen
- salzige Nahrungsmittel vermeiden
- viel frisches Obst und nicht blähendes Gemüse essen
- auf Nikotin, Alkohol und Kaffee verzichten
- heiße Tees trinken und eine Wärmflasche auf den Unterleib legen, wenn er schmerzt
- entspannen
- Manchen helfen Schmerzmittel oder Hormone (wie die Pille), damit das PMS abgeschwächt wird. Sprich hierzu mit deiner Gynäkologin/deinem Gynäkologen.

Anhand des Arbeitsblattes AB 6.4 Das Hymen (→ S. 118) wird der Mythos um das Hymen und seine Intaktheit als Zeichen der Jungfräulichkeit angesprochen. Der Begriff „Jungfernhäutchen" ist immer noch gebräuchlich, suggeriert jedoch, dass es sich beim Hymen um ein Häutchen handelt. Dies ist nicht korrekt. Deshalb ist der Begriff „Hymen" vorzuziehen. Das Thema muss an dieser Stelle nicht stark vertieft werden, die Schüler*innen sollten jedoch mitnehmen, dass das Hymen die Vagina nicht wie eine Haut verschließt, da Menstruationsblut und andere Sekrete andernfalls gar nicht abfließen könnten. Daher kann es auch beim (ersten) Geschlechtsverkehr nicht zur Feststellung der Jungfräulichkeit herangezogen werden.

Der Zyklus (1/3)

Aufgaben:

* Lies den Text.
* Beantworte dann folgende Fragen:

1. Nenne drei andere Begriffe für die Menstruation:

....

2. Wie lange dauert der Zyklus und in wie viele Phasen wird er unterteilt?

Dauer: .... Anzahl der Phasen: ....

3. Wie lange dauert die erste Phase? Was geschieht in dieser Phase? Welche Hormone sind beteiligt?

....

....

....

....

....

....

4. Wie lange dauert die zweite Phase? Was geschieht in dieser Phase? Welche Hormone sind beteiligt?

....

....

....

....

....

....

5. Kann man schwanger werden, wenn man rund um die Zeit des Eisprungs ungeschützten Geschlechtsverkehr hat?

☐ ja ☐ nein ☐ erst nach der dritten Menstruation

6. Was versteht man unter Befruchtung?

....

....

Name .... Datum .... **AB 1**

Der Zyklus (2/3)

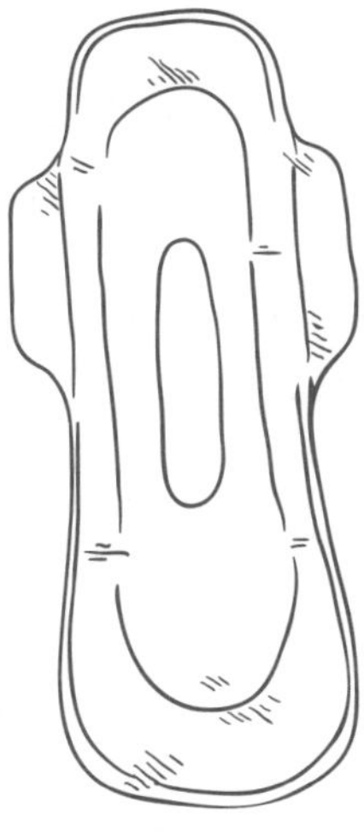

Schon von Geburt an befinden sich in den Eierstöcken ca. 400.000 bis 500.000 Eizellen. Eine Eizelle ist ungefähr 0,1 mm groß und mit bloßem Auge nicht zu erkennen.

Die erste Monatsblutung tritt meist im Alter von 10 bis 15 Jahren auf. Manchmal kommt es zwischen den Regelblutungen zu einer Schmierblutung. Diesen Fall sollte man bei einer Gynäkologin/einem Gynäkologen abklären lassen.

Ein Zyklus dauert ungefähr 28 Tage und wird in zwei Phasen unterteilt.

Die erste Phase reicht von Beginn der Menstruation bis zum Eisprung. Die Dauer der Phase kann sehr schwankend sein und dauert meist zwischen 12 bis 15 Tagen. In der ersten Phase bewirkt das Geschlechtshormon Östradiol, dass die Eibläschen in den Eierstöcken heranreifen, es sorgt für den Aufbau der Schleimhaut in der Gebärmutter. Wenn die Eizelle im Eierstock genügend herangereift ist, wird der Eisprung ausgelöst. Der Eileiter legt sein trichterförmiges Ende über die Eizelle. Die Eizelle wird in den Eileiter hineingespült.

Die zweite Phase beginnt mit dem Eisprung und endet am ersten Tag der nächsten Blutung. Beim Eisprung sind die zwei Hormone LH (luteinisierendes Hormon) und FSH (follikelstimulierendes Hormon) besonders aktiv. Bei der Eiwanderung ist das Gelbkörperhormon (Progesteron) besonders aktiv. Die Dauer der zweiten Phase beträgt ca. 12 bis 16 Tage. Sie ist die konstante Phase, dauert also immer gleich lang.

Bei der Eiwanderung wandert die Eizelle in drei bis vier Tagen bis in die Gebärmutter. Das Ei kann ab dem Eisprung 12 bis 18 Stunden lang befruchtet werden. (Ein Spermium dagegen überlebt durchschnittlich bis zu 72 Stunden, manchmal auch bis zu fünf Tagen.) Bei der Befruchtung dringt eine Samenzelle in die Eizelle ein und befruchtet sie.

Wenn keine Befruchtung des Eis stattfindet, wird die oberste Schleimhautschicht in der Gebärmutter abgestoßen und es kommt zur Monatsblutung. Die Blutung dauert ungefähr drei bis sieben Tage.

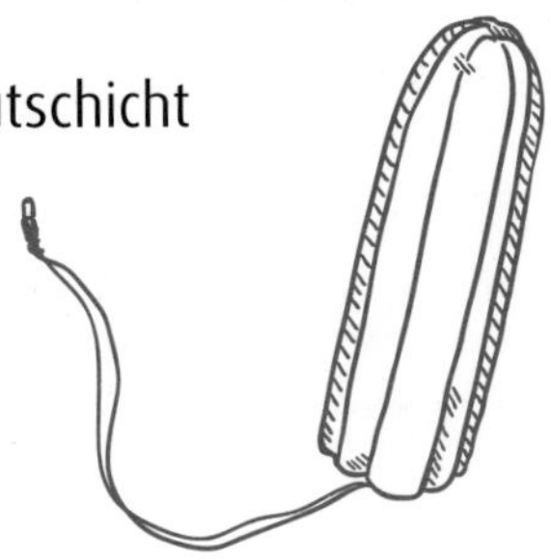

Name .... Datum .... AB 1

Der Zyklus (3/3)

Bei der Periode verliert der biologisch weibliche Körper ungefähr 60 ml Blut. Das ist etwa so viel wie eine halbe Kaffeetasse. Die Menstruation ist zugleich der Anfang eines neuen Zyklus.

Mit den Wechseljahren, auch Menopause genannt, endet das Heranreifen von Eizellen und somit die Menstruation. Die Wechseljahre treten um das 51. Lebensjahr ein. Wenn die Menstruation nach den Wechseljahren aufgehört hat, kommt es nur noch in extremen Ausnahmefällen zu einer Schwangerschaft.

Die zwei Phasen der Menstruation werden durch Hormone gesteuert. Die Hormone werden vom Hypothalamus, der Hirnanhangsdrüse (Hypophyse) und den Eierstöcken ausgelöst. In der ersten Phase ist vor allem das Hormon Östrogen aktiv.

Den Eisprung merken manche als Ziehen im Unterleib. Das jedoch nur, wenn sie keine Hormon-Tabletten, wie zum Beispiel die Pille, einnehmen.

Nach dem Eisprung steigt das Hormon Progesteron. Manche leiden dann unter schlechter Laune und sind unkonzentrierter. Das wird auch PMS (Prämenstruelles Syndrom) genannt. Vor allem kurz vor der Regelblutung wollen viele in Ruhe gelassen werden. Nach der Blutung sind die Symptome verschwunden.

Während der Menstruation fühlen sich manche Menschen schlapp und müde. Manche haben auch starke Schmerzen. Meist helfen dem Körper Zeit und Entspannung oder Sport.

Ab Mitte des Zyklus kann ein Ziehen in den Brüsten spürbar sein. Sie können sich dann auch knotig anfühlen. Das liegt häufig an Wassereinlagerungen in der Brust. Mit dem Einsetzen der Regelblutung ist das meist vorbei. Es braucht einige Monate, bis der Zyklus regelmäßig ist. Der Zyklus kann durch Emotionen und Stress stark beeinflusst werden. Nach dem Einsetzen der ersten Menstruation sollte eine Gynäkologin oder ein Gynäkologe aufgesucht werden.

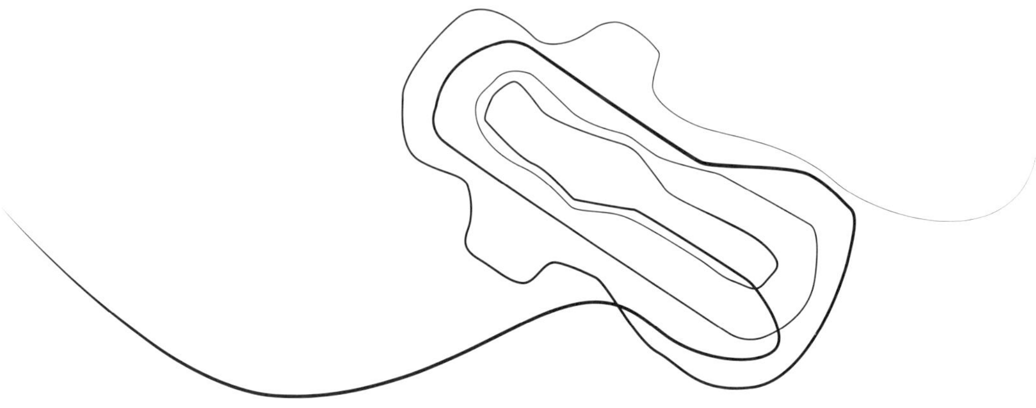

Name .... Datum .... AB 2a

Der Zyklus (Schaubild)

Aufgaben:

* Fülle das Schaubild aus. Beschreibe, was passiert.
* Füge ein:

12-15 Tage, 3-4 Tage, 12-16 Tage, 3-7 Tage, Eireifung, Monatsblutung, Eisprung, Eiwanderung, 1. Zyklustag

Lösung:*

* Trage ein, wie viele Tage die jeweilige Phase braucht.

....

....

....

....

....

....

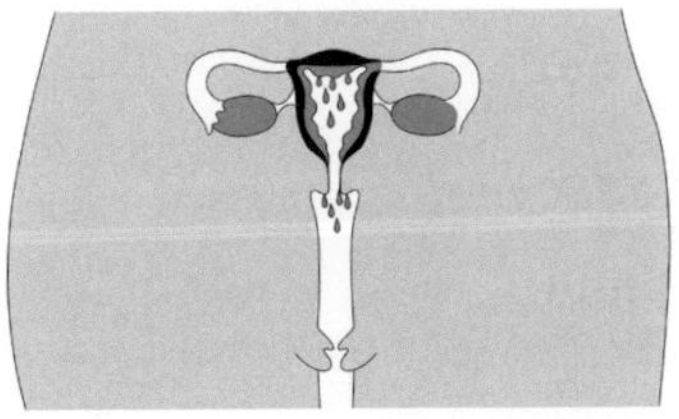

.... Tage

....

....

....

....

....

....

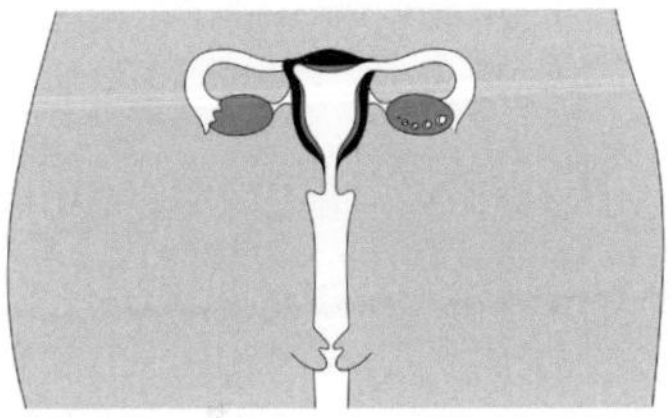

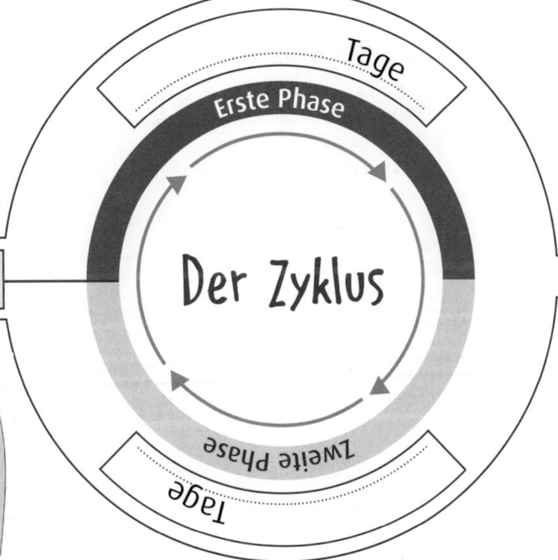

....

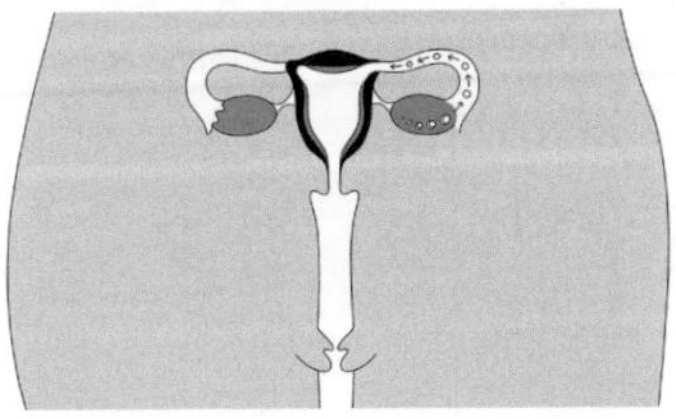

.... Tage

....

....

....

....

....

....

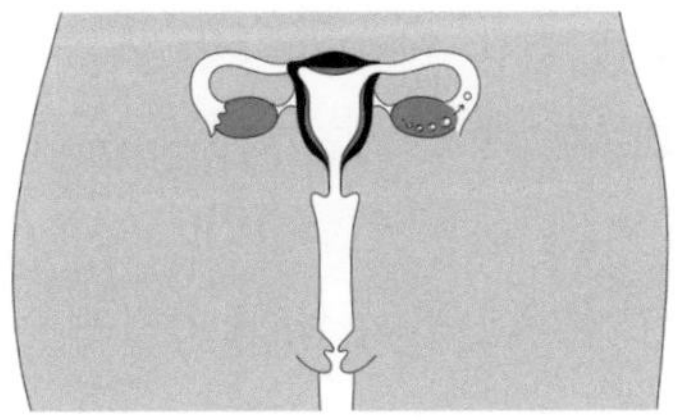

....

....

....

....

....

....

Der Zyklus (Schaubild)

Es ist gut, wenn man seinen Zyklus kennt. Man kann ihn entweder in einen Menstruationskalender oder in eine App eintragen.

Lösung: *

Aufgaben:

* Fülle das Schaubild aus.
* Füge ein:

12-15 Tage, 3-4 Tage, 12-16 Tage, 3-7 Tage, Eireifung, Monatsblutung, Eisprung, Eiwanderung, 1. Zyklustag

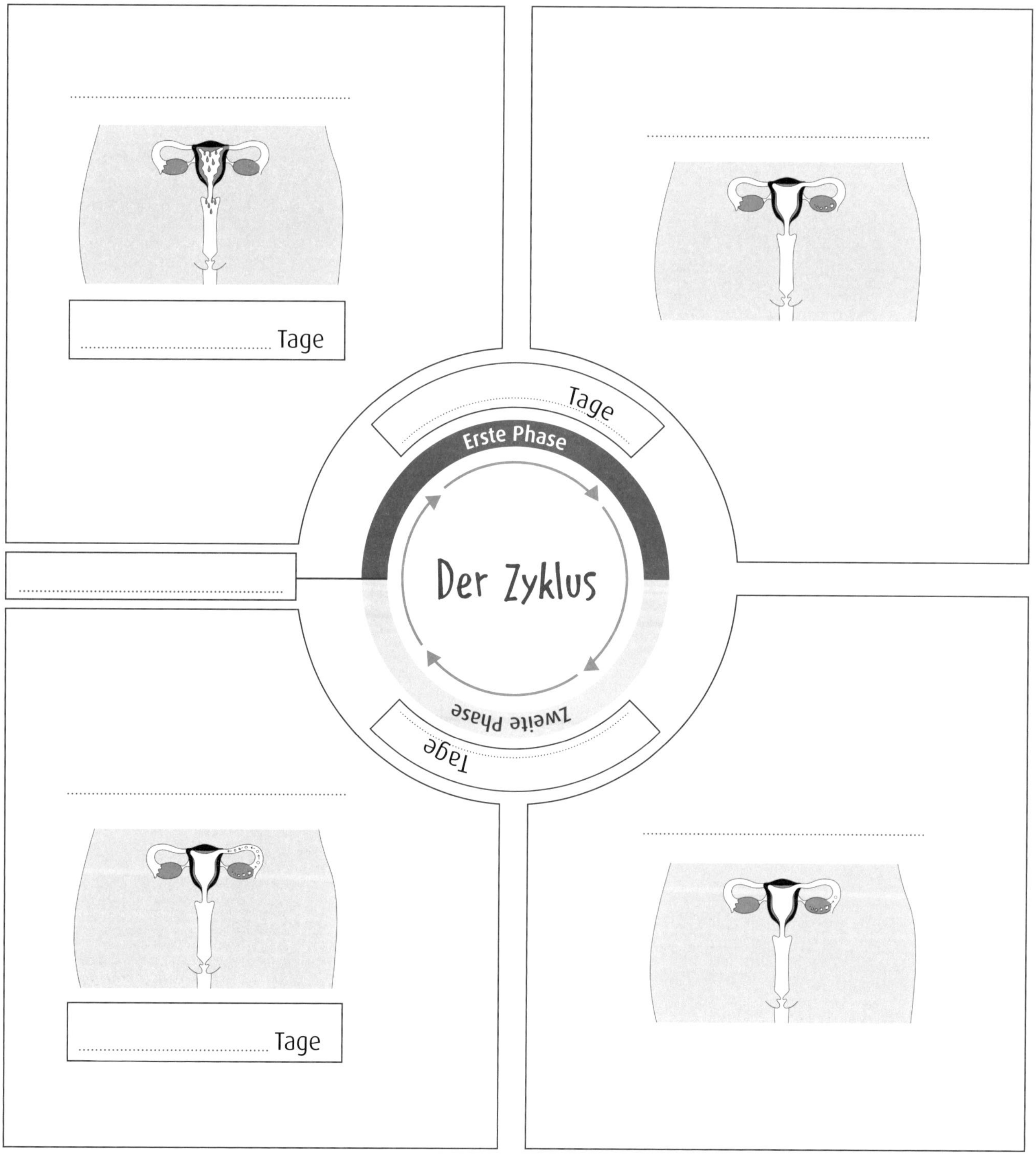

Name .... Datum .... AB 3

PMS – Was ist das?

Das PMS ist das „Prämenstruelle Syndrom". Es ist eine Sammlung von Beschwerden.
Diese Beschwerden betreffen den Körper und die Psyche. Sie beeinflussen die Stimmung und das Wohlbefinden. Das PMS kann etwa zwei Wochen bis wenige Tage vor Beginn der Periode auftreten. Es wird angenommen, dass hormonelle Schwankungen während des Menstruationszyklus beim PMS eine Rolle spielen. Wenn die Regelblutung beginnt, verschwinden die Symptome.

Aufgabe:

* Sortiere die Beschwerden und schreibe sie auf die Linien.
* Markiere die Beschwerden, die du bei dir feststellst, falls du PMS hast.

körperliche Beschwerden		**psychische Beschwerden**
....		....
....		....
....		....
....		....
....		....
....		....
....		....
....		....
....		....
....		....

Müdigkeit

Abgeschlagenheit und Trägheit

Reizbarkeit

Schlafstörungen

Hautunreinheiten

depressive Verstimmungen/Traurigkeit

Übelkeit

Brustspannen

Unsicherheit

Ängstlichkeit

Schwindel

Konzentrationsstörungen

Unterleibs- und Rückenschmerzen

geringes Selbstwertgefühl

plötzliche Wutausbrüche

Wassereinlagerungen mit Gewichtsanstieg

Unbehagen

Kopfschmerzen

Das Hymen (vaginale Korona)

Das Hymen (auch: die vaginale Korona) wird auch Jungfernhäutchen genannt. Früher dachte man, dass das Hymen immer beim ersten Sex reißt und blutet. Man glaubte, dass das Hymen eine dünne Hautschicht sei. Diese Hautschicht stellt – so glaubte man – den Beweis der Jungfräulichkeit dar.
Daher stammt der veraltete Name „Jungfernhäutchen".
Das Hymen ist jedoch keine Haut, die die Vagina wie eine Folie verschließt, sondern es ist eine dünne, weiche und dehnbare Schleimhautfalte.
Es kann die Form eines Ringes haben und umrandet den Scheideneingang.
Ausfluss und Menstruationsblut können über die Öffnung des Ringes abfließen.
Wäre das Hymen eine Haut, wäre dies nicht möglich.
Jedes Hymen ist unterschiedlich. Manche Menschen haben auch gar keins.
Das Hymen zeigt auch nicht, ob jemand schon Geschlechtsverkehr hatte.
Auch eine Ärztin oder ein Arzt kann nicht mit Sicherheit sagen, ob man schon mal Geschlechtsverkehr hatte.
Das Hymen kann nicht durch Sport verletzt werden. Es kann auch nicht durch das Einführen von Tampons verletzt werden. Beim „ersten Mal" reißt das Hymen nicht und daher muss es auch nicht bluten.

Aufgabe:

* Fülle die Lücken aus.

1. Das Hymen ist eine ....

2. Das Hymen umgibt den ....

3. Hymen ist ein anderes Wort für ....

4. Am Hymen erkennt man nicht, ob jemand schon .... hatte.

5. Das Hymen kann nicht durch .... verletzt werden.

6. Hymen können nicht durch das Einführen von .... reißen.

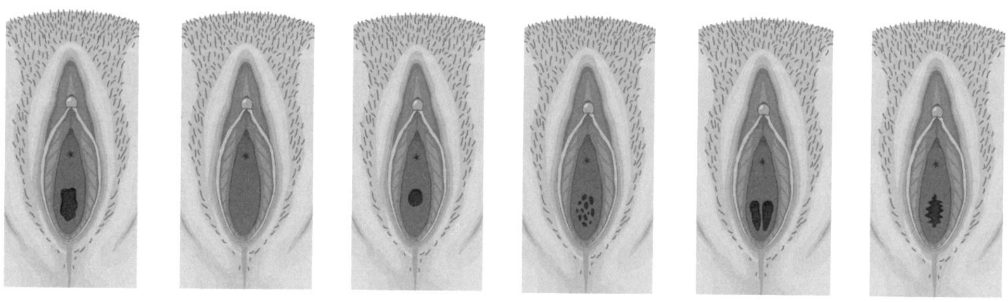

Jedes Hymen sieht anders aus.

Das Testosteron, die „Morgenlatte"

Hintergrundinformationen

Testosteron ist das wichtigste männliche Sexualhormon und spielt eine entscheidende Rolle bei der Entwicklung und Aufrechterhaltung biologisch männlicher körperlicher Merkmale sowie bei der Regulierung der Fortpflanzungsfunktionen.

Die Auswirkungen von Testosteron auf den biologisch männlichen Körper sind vielfältig.

Hier einige wichtige:

1. **Entwicklung biologisch männlicher Geschlechtsorgane:** Testosteron ist für die Entwicklung biologisch männlicher Geschlechtsorgane, einschließlich Penis, Hoden und Prostata verantwortlich.
2. **Entwicklung sekundärer Geschlechtsmerkmale:** Testosteron beeinflusst auch die Entwicklung von sekundären Geschlechtsmerkmalen, wie Gesichtsbehaarung, Körperbehaarung, tiefe Stimme, breitere Schultern und größere Muskelmasse.
3. **Regulierung des Knochenstoffwechsels:** Testosteron ist wichtig für den Erhalt der Knochengesundheit und die Regulierung des Knochenstoffwechsels. Ein Mangel an Testosteron kann das Risiko von Osteoporose erhöhen.
4. **Regulierung des Fettstoffwechsels:** Testosteron reguliert den Fettstoffwechsel und kann helfen, Fettansammlungen im Bauchbereich zu reduzieren.
5. **Einfluss auf das Immunsystem:** Testosteron beeinflusst das Immunsystem und kann die Abwehrkräfte des Körpers gegen Krankheiten und Infektionen stärken.
6. **Regulierung der sexuellen Funktion:** Testosteron ist entscheidend für die sexuelle Aktivität, einschließlich der Libido (sexuelle Lust), der Erektion und der Ejakulation.

Ein Mangel an Testosteron kann zu verschiedenen gesundheitlichen Problemen führen, wie z. B. reduzierter Muskelmasse und Knochendichte, Gewichtszunahme, Müdigkeit und Depressionen, verminderter sexueller Funktion und Potenzproblemen. Eine Überproduktion von Testosteron kann ebenfalls negative Auswirkungen haben, wie z. B. aggressives Verhalten, Akne, erhöhtes Risiko für Prostatakrebs und Unfruchtbarkeit. Es ist wichtig, zu beachten, dass Testosteron nicht nur bei Männern, sondern auch bei Frauen produziert wird und eine wichtige Rolle bei der Regulierung der weiblichen Fortpflanzungsfunktionen und der Knochengesundheit spielt.

Die „Morgenlatte"

Wie schon in Kapitel 5 erarbeitet, finden vor allem in der Pubertät viele körperliche und psychische Veränderungen statt: Die Hoden und der Penis wachsen. Die Hoden beginnen zwischen dem 11. und 14. Lebensjahr, die Samenflüssigkeit zu bilden. Ungefähr ein Jahr nach dem Einsetzen der pubertären Veränderung kommt es zum ersten Samenerguss. Der Penis wird immer öfter steif, auch ohne zusätzlichen äußeren Reiz. Er hat ein „Eigenleben" und es kann zur plötzlichen Erektion (Steifheit) kommen. Nachts können „feuchte Träume" auftreten („Pollution") und in den Morgenstunden kann es zu einem plötzlichen steifen Penis (einer sogenannten „Morgenlatte") kommen. Eine „Morgenlatte" ist eine Erektion des Penis, die typischerweise während des Schlafes auftritt, insbesondere während der REM-Phase (Rapid Eye Movement), und in den frühen Morgenstunden beim Aufwachen noch vorhanden sein kann. Sie wird auch als „Erektion am Morgen" oder „erwachende Erektion" bezeichnet. Morgenerektionen sind ein normaler Teil der Sexualfunktion und treten insbesondere während der Pubertät und des jungen Erwachsenenalters auf. Sie sind ein Zeichen dafür, dass die Blutgefäße im Penis und die damit verbundenen Muskeln und Nerven gut funktionieren. Morgenerektionen können auch in Verbindung mit sexuellen Träumen, dem morgendlich erhöhten Testosteronspiegel oder durch eine volle Blase verursacht werden. In der Regel verschwinden sie innerhalb von Minuten oder nach dem Wasserlassen.

Das Testosteron, die „Morgenlatte"

Übersicht der Unterrichtsmaterialien

* Kärtchen mit Einflüssen und Wirkungsweisen von Testosteron (siehe AB 6.5 Das Testosteron [→ S. 121]), weitere leere Kärtchen
* AB 6.5 Das Testosteron (→ S. 121–122)
* AB 6.6 Was ist ein Samenerguss? (→ S. 123)

Einstieg

Rekapitulieren Sie zum Einstieg zusammen mit den Schüler*innen, was Sie bisher über das Hormon Testosteron und seinen Einfluss auf den biologisch männlichen Körper erarbeitet haben, und frischen Sie das Wissen der Schüler*innen auf.

Erarbeitung & Sicherung

Bereiten Sie Kärtchen mit den Einflüssen und Wirkungsweisen von Testosteron vor und ergänzen Sie die leeren Kärtchen mit den Aussagen der Schüler*innen. Gruppieren Sie die Kärtchen an der Tafel zu zusammenhängenden Clustern (siehe auch Grafik auf AB 6.5 Das Testosteron [→ S. 121–122]).

Im anschließenden Unterrichtsgespräch wird erarbeitet, ob das Testosteron sich steigernd/positiv oder hemmend/negativ auswirkt. Vielleicht kennen die Schüler*innen den missbräuchlichen Gebrauch von Testosteron als Muskelaufbaumittel (im Sport und Krafttraining) und Energie steigernden Wirkstoff aus den sozialen Netzwerken und Medien. In dem Zusammenhang kann auch auf die Auswirkungen von Testosteronüberschuss und Testosteronmangel eingegangen werden. Besprechen Sie mit den Schüler*innen die Schaublider auf AB 6.5 Das Testosteron (→ S. 121–122): Was fällt den Schüler*innen auf? Wie kann sich der sinkende Testosteronspiegel im Verlauf des Lebens auf Körper und Geist auswirken?

Zum Abschluss setzen sich die Schüler*innen mit dem Thema „Gesunderhaltung und Ernährung" auseinander. Dieses lässt sich auch auf den Umgang mit Testosteronmangel übertragen.

Die „Morgenlatte"

Besprechen Sie mit den Schüler*innen in Form eines Unterrichtsgesprächs, was die erhöhte Produktion der Samenflüssigkeit bewirken kann. Wenn die Atmosphäre vertrauensvoll ist und auch die Zuhörenden einverstanden, können die Schüler*innen auch von ihren eigenen Erfahrungen berichten. Wichtig ist, dass geklärt wird, dass solche ungewollten Erektionen den Schüler*innen nicht peinlich sein müssen. Sie können auf der Toilette oder einem anderen geschützten Rahmen für Abhilfe sorgen oder warten, bis die Erektion vorbei ist. Vermitteln Sie den Schülern, dass diese Erregungszustände auf ihre Geschlechtsreife hinweisen und sie nun zeugungsfähig mit jeglicher Konsequenz sind. Abschließend wird AB 6.6 Was ist ein Samenerguss? (→ S. 123) bearbeitet.

Das Testosteron (1/2)

Testosteron ist das wichtigste männliche Sexualhormon. Es wird zu 90 % in den Hoden und zu 10 % in den Nebennieren produziert. Testosteron beeinflusst das Aussehen und das Verhalten. Der Testosteronspiegel, also die Menge des Testosterons im Körper, verändert sich innerhalb eines Tages und ist je nach Alter unterschiedlich. Im Tagesverlauf ist der Testosteronspiegel morgens und am Vormittag am höchsten. Hier siehst du, wie sich der Testosteronspiegel im Laufe des Lebens verändern kann.

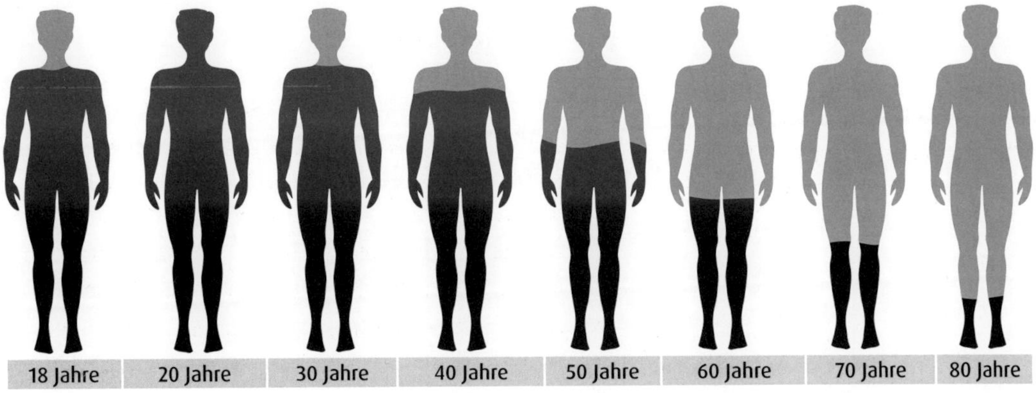

Wie wirkt Testosteron?

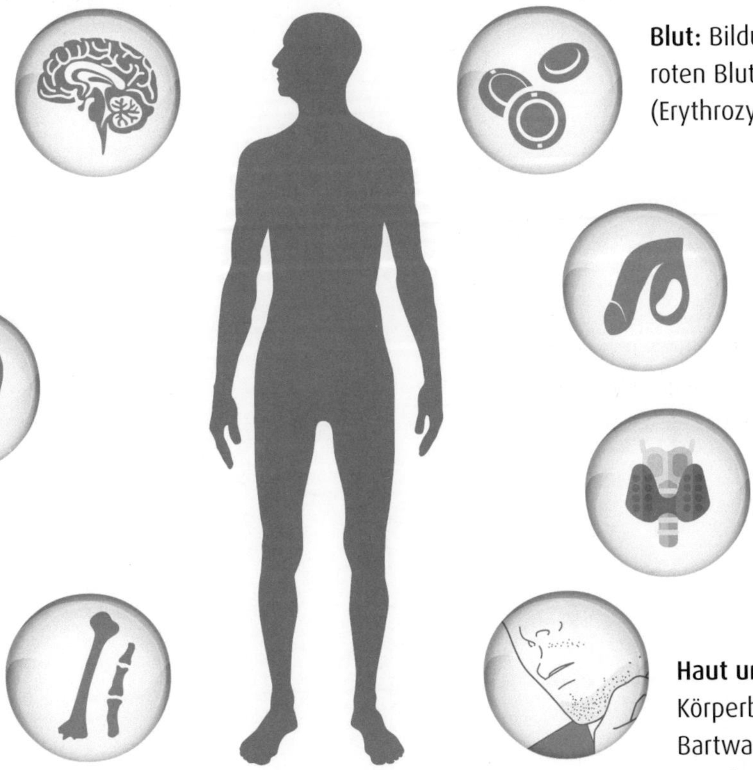

Name .... Datum .... AB 5

Das Testosteron (2/2)

Aufgaben:

* Lies den Text, sieh dir die Schaubilder an und vervollständige die Sätze:

1. Der Testosteronspiegel ist morgens .... als nachmittags.

2. Der Testosteronspiegel ist im Alter von ungefähr .... Jahren am höchsten und .... danach ab.

3. Testosteron beeinflusst das .... und das ....

* Kreuze richtige Aussagen an.

Ausreichend viel Testosteron bewirkt, dass ...		
der Bart wächst. ☐	man weniger Lust auf Sex hat. ☐	die Muskeln schneller wachsen. ☐
man mehr Lust auf Sex hat. ☐	die Knochen stabil sind. ☐	man eher zu Muskelabbau neigt. ☐
sich weniger Fettgewebe im Bauchbereich einlagert. ☐	man aktiv ist. ☐	man müde ist. ☐

Testosteronmangel

Zu wenig wie auch zu viel Testosteron kann sich negativ auf den Körper, das Gedächtnis, die Launen und das Verhalten auswirken. Testosteronüberschuss kann zu Akne (Hautunreinheit), Unfruchtbarkeit und erhöhter Aggressivität führen. Was kann man tun, um das Testosteron auszugleichen?

* Verbinde die Abbildungen mit den Tipps

Mache Krafttraining.
Trinke wenig Alkohol.
Rauche nicht.
Entspanne dich z. B. mit Yoga oder Meditation.
Ernähre dich gesund, iss z. B. Spinat, Knoblauch, Gewürze, Ballaststoffe.

Was ist ein Samenerguss?

Vielleicht kennst du das: Wenn du etwas siehst oder dir etwas vorstellst, das dich erregt, reagiert dein Körper darauf. Wenn du einen Penis hast, kann es sein, dass er steif wird.

Aufgabe:

* Fülle die Lücken aus.

Begriffe: weich, schlaff, hart, steif, Hoden, Sperma, Samenleiter, Nebenhoden, Ejakulat, Samenerguss

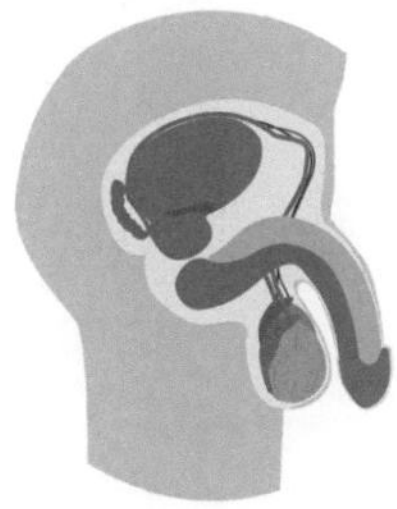

Der Penis ist normalerweise .... und ....

Wenn du erregt bist, kann dein Penis .... und ....
werden. Er ist dann auch größer.

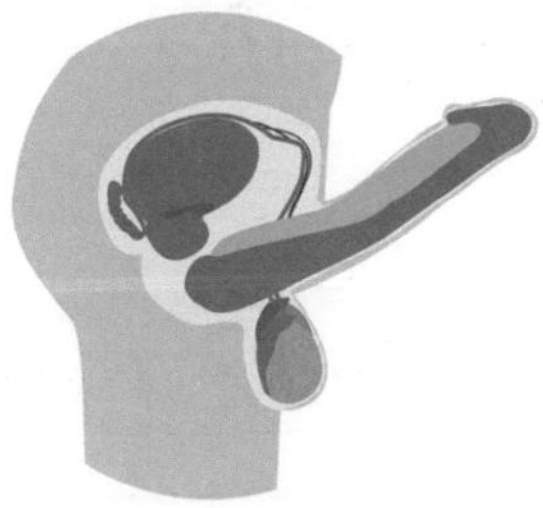

Wenn der Penis steif und hart ist, kann es bei **weiterer Erregung** zum
.... kommen.

Die **Samenflüssigkeit** besteht aus Spermien und weiteren Flüssigkeiten.
Sie wird auch .... genannt. Sie ist meist weißlich oder gelblich und zähflüssig.

Ein **Samenerguss** ist ein wunderschönes Gefühl. Ihm folgt meist die totale Entspannung!

Der **Samen** entsteht im .... und reift
im .... nach. Beim Samenerguss gelangen die
Samen über den .... in die **Harnröhre**. Das
.... bzw. das Sperma spritzt beim Samenerguss
an der **Eichel** aus dem Penis heraus.

Man kann **nicht gleichzeitig** pinkeln und einen Samenerguss haben!

Wenn der Samen beim ungeschützten Geschlechtsverkehr auf eine Eizelle trifft, kann daraus ein **Kind entstehen**.

Feuchte Träume, HPV – Humane Papillomviren

Feuchte Träume

Hintergrundinformationen

Erhöhte Erregungszustände wie auch feuchte Träume können in der Pubertät vermehrt auftreten. Feuchte Träume sind völlig normal und treten in der Pubertät und Adoleszenz bei vielen Menschen auf, da sich in dieser Zeit die Hormone verändern und das sexuelle Interesse und die Neugierde steigen. Sie können aber auch im Erwachsenenalter und im höheren Alter auftreten.

Feuchte Träume sind eine Form von sexuellen Träumen, die bei Menschen jeden Geschlechts auftreten. In der Regel sind es Träume, in denen man sexuelle Erregung erlebt und einen Orgasmus hat, wodurch es zu einer Ejakulation oder zu einem Feuchtwerden der Vagina kommt. Häufig gehen diese Erregungszustände mit einem warm-wohligen und entspannten Gefühl einher.

Erarbeitung

Das Thema „Feuchte Träume“ können Sie relativ knapp in Form eines Unterrichtsgesprächs besprechen. Weisen Sie die Schüler*innen auf die erhöhten Erregungszustände und die vermehrte sexuelle Lust (Libido) in der Pubertät hin und laden Sie sie ein, sich in einem vertrauensvollen Gespräch mit einer besten Freundin oder einem besten Freund auszutauschen.

Vermitteln Sie den Schüler*innen, dass feuchte Träume und plötzliche Erregtheit etwas völlig Normales und kein Zeichen von schlechter Moral sind. Sie sind eine natürliche Reaktion des Körpers auf sexuelle Erregung und können sogar helfen, sexuelle Spannungen abzubauen.

HPV – Humane Papillomviren

Hintergrundinformationen

Weit mehr als zwei Drittel aller Menschen infizieren sich wenigstens einmal im Leben mit HPV, ohne dass sie es bemerken. Meist klingen die Infektionen spontan ab und hinterlassen keine bleibenden Auswirkungen. Die HPV (Humane Papillomviren) sind bis zu 100 unterschiedliche Viren, die durch Haut-zu-Haut-Kontakt übertragen werden, insbesondere durch sexuellen Kontakt.

HP-Viren sind auf menschliche Haut- und Schleimhautzellen spezialisiert.

Fast immer verläuft eine Infektion mit HPV ohne Symptome und bleibt daher häufig unerkannt.

HPV kann Krebs am Gebärmutterhals sowie im Mund- und Rachenraum verursachen. Andere Arten von HPV können Warzen auf verschiedenen Teilen des Körpers bewirken, einschließlich der Genitalien, des Anus und der Hände.

Mit der HPV-Impfung kann man dieses Risiko deutlich senken. Die Schutzwirkung der HPV-Impfung vor Gebärmutterhalskrebs liegt bei bis zu 90 Prozent.

Es wird empfohlen, dass Jugendliche sich impfen lassen, bevor sie sexuell aktiv werden, um das Risiko einer HPV-Infektion und damit verbundenen Komplikationen zu reduzieren. Zudem sind regelmäßige Vorsorgeuntersuchungen, insbesondere der Gebärmutterhalskrebsvorsorge, wichtig, um HPV-bedingte Veränderungen zu erkennen und rechtzeitig behandeln zu können.

Erarbeitung

Informieren Sie die Schüler*innen zu diesem Thema und diskutieren Sie ggf. darüber. Generell liegt es in der Entscheidung der Jugendlichen und ihrer Eltern, wie sie mit dieser Impfung umgehen wollen.

7

Selbstbefriedigung – Orgasmus

Selbstbefriedigung

Hintergrundinformationen

Ich

Ich habe es mit mir selbst gemacht
Heute Nacht
Ganz sacht
Ich habe dabei an gar nichts gedacht
Ich habe gelacht

Ich habe gedacht ich kann nicht mehr
Hinterher
War ich schwer
Ich habe geschlafen fest wie ein Bär
Nichts drückte mich mehr

Ich weiß nicht genau wie ist das geschehen
Es war schön
Zum Vergehen
Ich hoffe es hat mich keiner gesehen
Kannst du das verstehen?

(Quelle: Gostischa Thomas: Ich, in: Fuhrmann, Joachim (Hrsg.): Tagtäglich: Gedichte, Rowohlt Verlag. Reinbek bei Hamburg. 1976, S. 26)

Selbstbefriedigung bzw. Solo-Sex ist das lustvolle Erfahren des eigenen Körpers und der eigenen Geschlechtsorgane. Es kann eine Möglichkeit sein, sich und seinen Körper besser kennenzulernen, zu erfahren und zu erspüren, was einem guttut, was die Vorlieben sind und auch wo die Grenzen liegen. Es gibt immer noch Strömungen, die behaupten, dass Selbstbefriedigung etwas Verwerfliches ist. Medizinisch gesehen, ist das genau das Gegenteil. Es ist gesund. Die Körperflüssigkeiten werden ausgetauscht, z. B. der Samenleiter gereinigt und das Herz-Kreislauf-System kommt in Schwung. Auch lernt man sich selbst durch Solo-Sex besser kennen, erfährt, erspürt und weiß, was einem guttut und wie der eigene Körper reagiert. Selbstbefriedigung kann den Selbstwert und die Selbstliebe steigern. Und es ist eine Art Übung, ein Training, ein Lernfeld, welches neue Synapsen erschließt und welches auch der Vorbereitung für die partnerschaftliche Sexualität dienen kann. Auch kann Selbstbefriedigung, wie der Name schon sagt, zu Zufriedenheit des Selbst führen.

Solo-Sex ist häufig geprägt von Werten und Haltungen, Prägungen und Glaubenssätzen.

Wichtig ist hierbei, dass Sie als Lernbegleiter*in offen mit dem Thema umgehen, sodass die Schüler*innen erfahren, dass Selbstbefriedigung etwas Schönes und Normales ist. Natürlich ist es hier auch wichtig, die Grenzen des*der anderen zu wahren, indem Solo-Sex in einem Rahmen gelebt wird, der allen Schutz bietet. Meist ist das das eigene Bett, das eigene Zimmer oder die Toilette.

Manche Jugendliche befriedigen sich ausschließlich mit ihrer Hand. Sie liegen meist im Bett auf dem Rücken oder Bauch und streicheln sich am Körper und im Genitalbereich und stimulieren sich auf diese Weise. Andere bevorzugen Hilfsmittel, um sich zu befriedigen oder zum Höhepunkt zu kommen. Hilfsmittel können technische Hilfsmittel, sogenannte Sextoys, wie Vibratoren oder Genitalsauger, sein oder auch Bildmaterial, wie Nacktfotos, Zeitschriften und Pornos (wobei Pornos erst ab 18 Jahren erlaubt sind). Sextoys sind in den Drogeriemärkten frei verkäuflich. Auf vielen Männertoiletten befinden sich Automaten mit künstlichen Vaginas, sogenannten „Travel Pussis“, u. Ä. ...

In der folgenden Unterrichteinheit liegt der Schwerpunkt darauf, wie und wo Selbstbefriedigung durchgeführt werden kann und wie ein Orgasmus abläuft. Selbstbefriedigung muss natürlich nicht mit dem Höhepunkt enden und wenn jemand keinen Solo-Sex mag, ist das auch völlig in Ordnung.

Es gibt Menschen, die keinen Orgasmus erleben, andere erleben einen Orgasmus nur mit sich und nicht mit Partner*innen. Alle Möglichkeiten sind anzunehmen und anzuerkennen. Es empfiehlt sich, diese Einheit in Vertrauensgruppen durchzuführen.

Übersicht der Unterrichtsmaterialien

- AB 7.1 Erlebe deinen Körper (A) (→ S. 128)
- AB 7.2 Erlebe deinen Körper (B) (→ S. 129)
- AB 7.3 Tim befriedigt sich selbst (→ S. 130)
- AB 7.4 Jana befriedigt sich selbst (→ S. 131)

Einstieg

Lesen Sie den Schüler*innen das Gedicht vor (→ siehe S. 126) und lassen Sie sie darüber sprechen. Falls eine offene vertraute Atmosphäre besteht und auch die Zuhörenden einverstanden sind, können die Schüler*innen auch von ihren Erfahrungen mit Selbstbefriedigung sprechen. Manche Schüler*innen gehen mit dem Thema sehr offen um, manche profilieren sich und anderen ist es äußerst peinlich. Es bedarf einer hohen Sensibilität, zu hören oder zu erspüren, wie viel die Schüler*innen aus Erfahrung erzählen und woher sie das Wissen haben. Manchmal ist es sinnvoll, in einem individuellen Gespräch nochmals mit dem*der einen oder anderen Schülern zu sprechen, um sowohl die persönlichen Schamgrenzen wie auch die der Gruppe abzustecken oder getätigte Aussagen zu hinterfragen.

Als Ergänzung können gemeinsam die gängigen Begriffe für Selbstbefriedigung aufgelistet werden. Dazu zählen z. B.: „masturbieren“, „Solo-Sex machen“, „wichsen“, „sich einen runterholen“, „es sich selbst machen“, „onanieren“, „rubbeln“ etc.

Erarbeitung

Im Unterrichtsgespräch wird erarbeitet, an welchen Orten sich Menschen selbst befriedigen.

Ich gehe hier von allgemein anerkannten Räumen aus, wie dem eigenen Zimmer, dem eigenen Bett und der Toilette, wohlwissend, dass auch andere Gepflogenheiten gelebt werden.

Im Unterrichtsgespräch kann dann auf Hilfsmittel (siehe „Hintergrundinformationen“ S. 126) eingegangen werden. Diese Informationen werden hier bewusst nicht weiter vertieft.

Sicherung

Die Schüler*innen können die AB 7.3 Tim befriedigt sich selbst (→ S. 130) und AB 7.4 Jana befriedigt sich selbst (→ S. 131) bearbeiten.

Für manche Schüler*innen können die AB 7.1 Erlebe deinen Körper (A) (→ S. 128) und AB 7.2 Erlebe deinen Körper (B) (→ S. 129) eine gute Orientierungshilfe darstellen.

Name .... Datum .... AB 1

Erlebe deinen Körper (A)

Aufgabe

* Lies den Text und mache dir selbst dazu Gedanken. Vielleicht hast du eine vertraute Person, mit der du dich über den Text und deine Erfahrungen austauschen möchtest.
* Fülle die Lücken aus:

Wichtig:

Befriedige dich nur dort, wo du dich geschützt und unbeobachtet fühlst, z. B. ....

Respektiere die Grenzen deiner Mitmenschen, z. B. indem du ....

Es kann wunderschön sein ... Und es ist erlaubt! In gewissem Rahmen ...

Selbstbefriedigung stellt eine Möglichkeit dar, dich und deinen Körper besser kennenzulernen. Du kannst für eine körperliche Beziehung mit deinem Partner oder deiner Partnerin gut vorbereitet sein, wenn du schon Erfahrungen mit dir gesammelt hast. Auch lernst du deine Wünsche und deine Grenzen besser kennen. Was tut dir gut? Was törnt dich an? Was magst du gar nicht? Was macht dich unsicher?

Dein Körper lernt durch deine Berührungen. Und diese können ganz unterschiedlich sein. Worauf reagiert dein Körper? Ist es eher sanftes Streicheln oder doch eher Druck? Oder gefällt dir das Halten gewisser Körperstellen? Ist es die Abwechslung der Berührungen, die dir gefällt? Welche Körperteile sprechen besonders intensiv auf Berührungen an? Häufig ist es das Reiben an der Klitorisperle und den Klitorisschenkeln, das besonders schöne Gefühle hervorruft. Oder das Einführen und Reiben deiner feuchten Finger in die Scheide. Liegst du lieber auf dem Bauch oder Rücken, um dich selbst zu befriedigen? Für viele ist der Damm und die Region rund um den After auch sehr empfindlich.

Vielleicht hast du noch wenige Erfahrungen mit einer liebevollen Berührung deines eigenen Körpers. Probiere es mal zu Hause in einem geschützten privaten Raum aus! Mache es dir bequem. Achte dabei darauf, dass du dich geborgen fühlst. Du darfst die Erfahrungen ganz für dich allein sammeln.

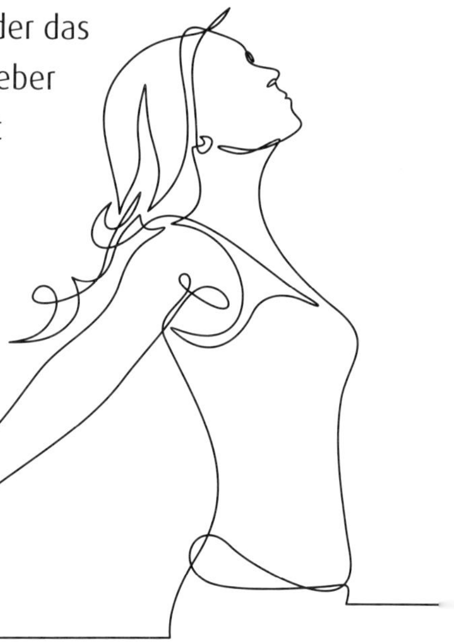

Name .... Datum .... AB 2

Erlebe deinen Körper (B)

Aufgabe

* Lies den Text und mache dir selbst dazu Gedanken. Vielleicht hast du eine vertraute Person, mit der du dich über den Text und deine Erfahrungen austauschen möchtest.
* Fülle die Lücken aus:

Wichtig:

Befriedige dich nur dort, wo du dich geschützt und unbeobachtet fühlst, z. B. ....

Respektiere die Grenzen deiner Mitmenschen, z. B. indem du

....

Es kann wunderschön sein ... Und es ist erlaubt! In gewissem Rahmen ... Selbstbefriedigung stellt eine Möglichkeit dar, dich und deinen Körper besser kennenzulernen. Du kannst für eine körperliche Beziehung mit deinem Partner oder deiner Partnerin gut vorbereitet sein, wenn du schon Erfahrungen mit dir gesammelt hast. Auch lernst du deine Wünsche und deine Grenzen besser kennen. Was tut dir gut? Was törnt dich an? Was magst du gar nicht? Was macht dich unsicher?

Dein Körper lernt durch deine Berührungen. Und diese können ganz unterschiedlich sein. Worauf reagiert dein Körper? Ist es eher sanftes Streicheln oder doch eher Druck? Oder gefällt dir das Halten gewisser Körperstellen? Ist es die Abwechslung der Berührungen, die dir gefällt? Welche Körperteile sprechen besonders intensiv auf Berührung an? Häufig ist es das Reiben am Penis, das sanfte Kreisen am Peniskranz und das Streichen über die Eichel, was besonders schöne Gefühle hervorruft. Liegst du lieber auf dem Bauch oder Rücken, um dich selbst zu befriedigen? Für viele ist der Damm und die Region rund um den After auch sehr empfindlich.

Vielleicht hast du noch wenige Erfahrungen mit einer liebevollen Berührung deines eigenen Körpers. Probiere es mal zu Hause in einem geschützten privaten Raum aus! Mache es dir bequem. Achte dabei darauf, dass du dich geborgen fühlst. Du darfst die Erfahrungen ganz für dich allein sammeln.

Tim befriedigt sich selbst

Aufgabe

✱ Klebe die Bilder in der richtigen Reihenfolge im Heft auf.
Klebe die passenden Texte unter die Bilder.

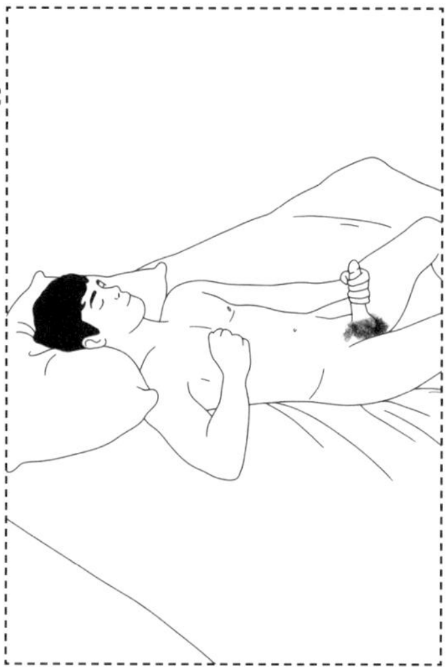

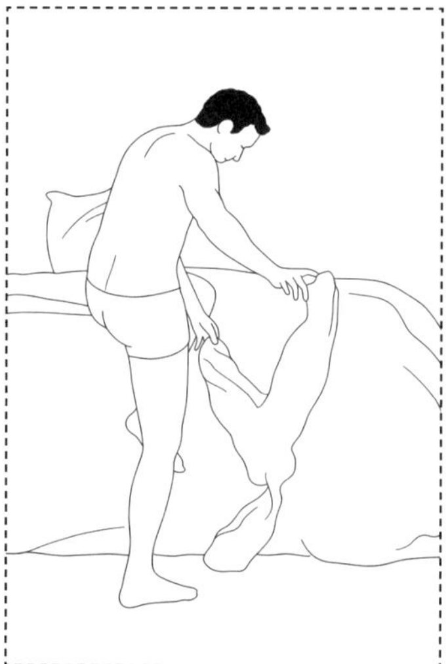

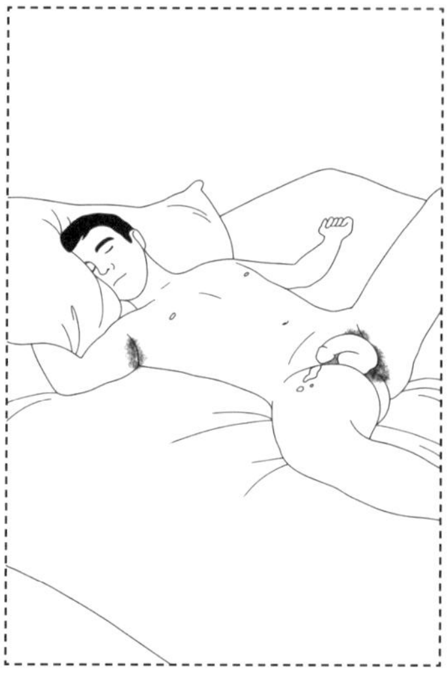

Tim steht auf, zieht sich wieder an und wäscht seine Hände.

Tim setzt sich auf sein Bett und denkt an Jana. Er bekommt ein schönes, prickelndes Gefühl.

Tim hat ein wunderschönes Gefühl. Der ganze Körper vibriert. Er hat einen Samenerguss. Sehr entspannt und zufrieden bleibt er noch etwas im Bett liegen.

Er streichelt seinen Körper und seinen Penis. Das ist sehr schön. Sein Penis wird steif.

Tim zieht seine Hose aus.

Tim geht in sein Zimmer. Er schließt die Tür. Dort ist er allein.

Name .... Datum .... AB 4

Jana befriedigt sich selbst

Aufgabe

✱ Klebe die Bilder in der richtigen Reihenfolge im Heft auf.
Klebe die passenden Texte unter die Bilder.

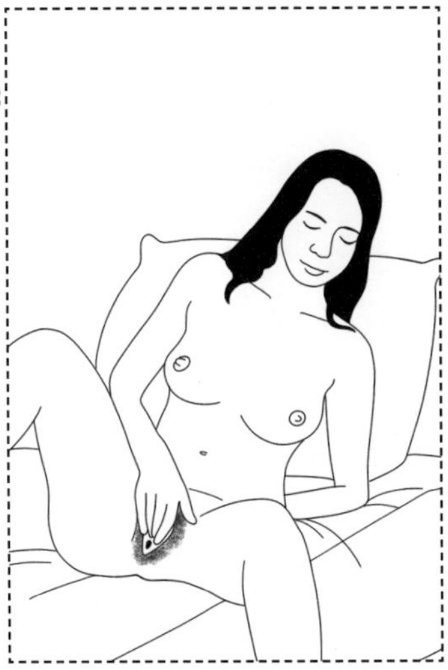

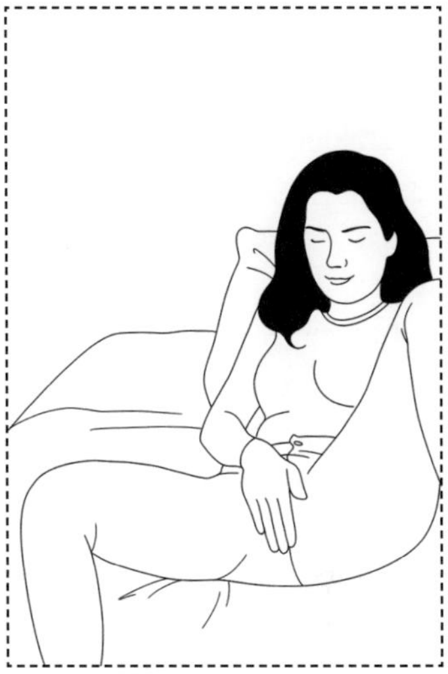

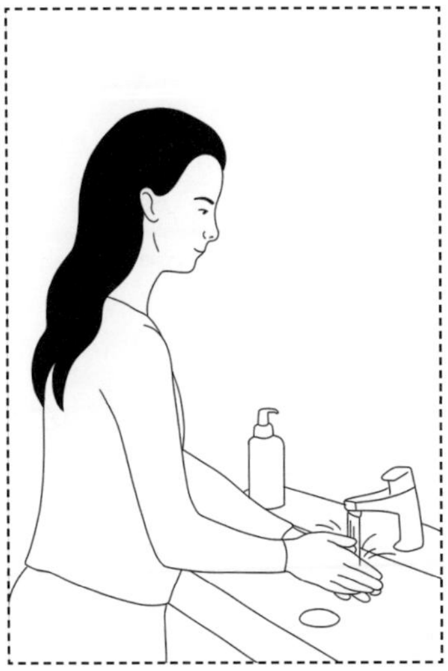

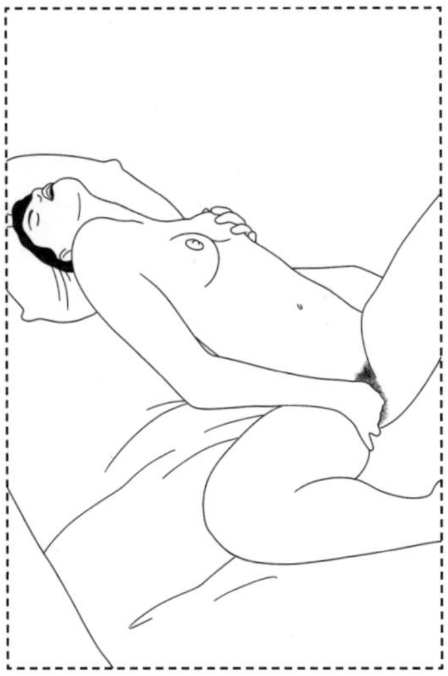

Sie setzt sich auf ihr Bett. Sie streichelt ganz sanft ihre Vulva.

Jana hat ein wunderschönes Gefühl. Sie hat einen Orgasmus. Ihr ganzer Körper vibriert. Dann setzt eine sehr zufriedene Entspannung ein.

Sie streichelt ihren ganzen Körper. Ihre Brustwarzen werden hart. Mit ihren Fingern berührt sie ihren Kitzler. Die Scheide wird warm und feucht. Das ist sehr schön.

Jana denkt an Tim. Sie ist sehr verliebt. Ihr Unterleib prickelt bei dem Gedanken an Tim. Jana zieht ihre Hose und den Slip aus.

Jana genießt noch das Gefühl, dann zieht sie sich wieder an und wäscht ihre Hände.

Jana geht in ihr Zimmer. Sie schließt ihre Tür. Dort ist sie allein.

Der Orgasmus

7

Hintergrundinformationen

Sexuelle Erregung wird meist durch schöne Gefühle ausgelöst, deren Ursprung wiederum sehr unterschiedlicher Natur sein kann. Es können Bilder, Erinnerungen, Gedanken, Handlungen und vieles mehr sein. Meist sind es auch Berührungen. Diese müssen nicht zwingend im Genitalbereich erfolgen, um zu orgastischen Erregungszuständen zu kommen. Es können auch die Ohren, der Hals, die Innenseite der Oberschenkel oder andere sensible Körperstellen sein. Sexuelle Erregung kann dann zu körperlichen Veränderungen des Atems, der Körperhaltung und der Genitalien führen. Meist wird unter anderem der Penis steif und die Scheide feucht. Allerdings führt nicht jede sexuelle Erregung zum Orgasmus und nicht jeder Orgasmus führt zur Ejakulation (Squirting/Samenerguss). Orgasmus und Ejakulation können unabhängig voneinander auftreten. Es ist nicht notwendig, im Rahmen der folgenden Einheit explizit darauf einzugehen.

„ein Orgasmus ist die plötzliche, unwillkürliche Lösung sexueller Spannung"

(Definition nach Emily Nagoski[5])

Nach dem Orgasmus tritt meist ein entspanntes, zufriedenes Glückserleben auf.

Übersicht der Unterrichtsmaterialien

- AB 7.5 a Der Orgasmus (→ S. 133–135)
- AB 7.5 b Der Orgasmus (→ S. 136–138)

Einstieg

Auch bei diesem Thema bietet sich eine Erarbeitung in Vertrauensgruppen an. Verknüpfen Sie das Thema mit dem vorherigen zur Selbstbefriedigung, sodass ein spezieller Einstieg zu dieser Einheit entfällt.

Erarbeitung & Festigung

Lesen Sie zusammen mit den Schüler*innen die Texte AB 7.5 a Der Orgasmus (→ S. 133–135) und AB 7.5 b Der Orgasmus (→ S. 136–138) und lassen Sie die Antworten erarbeiten. Alternativ können die Texte auch in Kleingruppen gelesen und die Aufgaben bearbeitet werden.

Wichtig ist, dass den Schüler*innen vermittelt wird, dass es beim Liebesspiel, weder beim Solo-Sex noch beim Geschlechtsverkehr, zum Höhepunkt kommen muss und vor allem, dass jede*r sich wohlfühlt und seine*ihre Bedürfnisse äußert.

Ich empfehle folgende Internetseite mit weiteren, gut aufbereiteten Informationen, die auch in leichter Sprache angeboten werden: https://www.lilli.ch/leichte_sprache.

[5] Quelle: Fitz, Alexandra: Sexual-Forscherin Emily Nagoski: «Es gibt nur einen Orgasmus» (Interview mit Emily Nagoski), Luzerner Zeitung, 07.07.2015

Name .... Datum .... AB 5 a

Der Orgasmus (1/3)

Aufgaben:

* Lies den Text und beantworte die Fragen unter dem Text im Heft.
* Fülle anschließend das Schaubild aus.

Vielleicht ist es nur eine leichte Berührung, ein Bild oder eine Fantasie – und schon kann dieser Reiz Erregung auslösen. Im Gehirn wird ein Botenstoff freigesetzt. Der Botenstoff signalisiert den Schwellkörpern entlang der Klitoris, dass sich diese mit Blut füllen sollen. Die Geschlechtslippen und die Klitorisschenkel schwellen an. Die Scheide wird feucht. Die Gebärmutter hebt sich, sodass sich der Scheidenraum vergrößert. Die Brüste werden größer und empfindlicher. Die Brustwarzen verhärten sich. Atmung und Herzschlag steigen an. Beim Höhepunkt – dem Orgasmus – ziehen sich die Scheidenmuskeln und die Beckenbodenmuskeln mehrfach zusammen. Das ist ein wunderschönes Gefühl. Auch mehrere Orgasmen hintereinander sind möglich. Sehr sensibel reagieren die meisten auf die Berührung der Klitorisperle, die Stimulation der G-Zone und des Anus. Wenn man sich während der Lust bewegt, kommen viele besser zum Höhepunkt. Bei Erregung kann man nicht pinkeln. Auch wenn es sich so anfühlen mag. Bei einem Orgasmus kommt kein Urin, sondern vielleicht etwas Flüssigkeit aus der Scheide geflossen. Diese ist meist dickflüssig und milchig weiß. Nach dem Höhepunkt entspannen sich alle Muskeln und die Schwellungen klingen ab. Der ganze Körper entspannt sich wieder. Die Atemfrequenz und der Blutdruck sinken wieder ab. Man kann auch schöne Gefühle haben und sich sehr wohl fühlen, ohne einen Höhepunkt zu bekommen. Wenn man sich häufiger selbst befriedigst, also mit sich selbst übt, gelingt es wahrscheinlich besser, zum Höhepunkt zu kommen. Wenn man mit einem Partner oder einer Partnerin schöne Gefühle haben möchte, ist es wichtig, dass sich beide wohl und geborgen fühlen. Achte gut auf dich und äußere deine Wünsche und Bedürfnisse! Achte auf die Grenzen und Wünsche deiner Partnerin oder deines Partners!

* Was kann man tun, um zum Höhepunkt zu kommen?
* Erregt sein und pinkeln müssen – ist beides gleichzeitig möglich?
* Ist es schlecht, erregt zu sein und keinen Höhepunkt zu bekommen?

Name .... Datum .... AB 5 a

Der Orgasmus (2/3)

ERREGUNGSPHASE

Reiz:

....

....

↓

Botenstoffe/Hormone:

....

....

....

....

↓

Körperliche Veränderungen:

* .... * ....
* .... * ....
* .... * ....
* .... * ....

↓

PLATEAUPHASE:
Der Erregungszustand wird immer stärker. Ein individuelles Ausmaß der Erregung wird erreicht.

Höhepunkt/Orgasmus:

....

....

....

....

....

RÜCKBILDUNGSPHASE

↓

Entspannung des Körpers:

* .... * ....
* .... * ....
* .... * ....

Der Orgasmus – Worthilfen (3/3)

* Körper entspannt
* Schwellungen klingen ab
* Atmung wird langsamer
* Blutdruck sinkt

* eine Person, die ich anziehend finde
* ein Traum oder ein Bild

* werden vom Gehirn in den Körper geschickt
* geben den Befehl zur Erregung

* schönes Gefühl im ganzen Körper
* Scheidenmuskulatur zieht sich mehrfach zusammen
* Beckenbodenmuskulatur zieht sich mehrfach zusammen

* Klitorisschenkel schwellen an
* Geschlechtslippen schwellen an
* Scheide wird feucht
* Gebärmutter hebt sich
* Brustwarzen verhärten sich
* Atmung wird schneller
* Herzschlag und Blutdruck steigen

Der Orgasmus (1/3)

Aufgaben

* Lies den Text und beantworte die Fragen unter dem Text im Heft.
* Fülle anschließend das Schaubild aus.

Vielleicht ist es nur eine leichte Berührung, ein Bild oder eine Fantasie – und schon kann dieser Reiz Erregung auslösen. Im Gehirn wird ein Botenstoff freigesetzt. Dieser signalisiert den Schwellkörpern, sich mit Blut zu füllen. Der Penis wird steif. Die Beckenbodenmuskulatur spannt sich an. Der Penis wird dunkler, da er sich mit Blut füllt. Die Hoden schwellen an und werden näher an den Körper gezogen. In der Eichel ist eine große Erregung zu spüren, die von einem Ziehen gefolgt wird. Kurz vor dem Höhepunkt ziehen sich die Beckenbodenmuskeln mehrmals krampfartig zusammen. Beim Höhepunkt – dem Orgasmus – spritzt die Samenflüssigkeit (das Ejakulat) aus der Harnröhre heraus. Das kann ein wunderschönes Gefühl sein. Nach dem Samenerguss schwillt der Penis wieder ab. Die Atemfrequenz und der Blutdruck sinken.

Das Ejakulat setzt sich aus der Bläschendrüsenflüssigkeit, der Prostataflüssigkeit und der Samenflüssigkeit zusammen. Es hat ungefähr die Menge von einem Teelöffel. Es ist meist grauweiß und dickflüssig, kann bei häufiger Ejakulation auch wässriger sein. Nur ein kleiner Prozentteil des Samenergusses besteht aus Samenzellen (bis zu 500 Millionen pro Samenerguss). Das Ejakulat sammelt sich im hinteren Teil der Harnröhre. Da sich die Blasenschließmuskulatur anspannt, kann kein Urin aus der Blase austreten. Man kann nicht pinkeln, wenn man einen steifen Penis hat.

Häufig kommt schon ein sogenannter „Glückstropfen" vor dem Höhepunkt aus dem Penis. Er enthält Sperma. Nach einer Pause sind weitere Orgasmen möglich. Wenn man nach der Erektion keinen Samenerguss hat, ist das nicht weiter schlimm. Vielen ist es unangenehm, wenn sie beim partnerschaftlichen Sex schnell zum Orgasmus kommen. Man kann üben, den Höhepunkt hinauszuzögern. Man kann auch ohne Samenerguss einen Orgasmus bekommen. Bei der Selbstbefriedigung merkt man, welche Berührungen man mag. Wenn man mit einem Partner oder einer Partnerin schöne Gefühle haben möchte, ist es wichtig, dass sich beide wohlfühlen.

Achte gut auf dich und äußere deine Wünsche und Bedürfnisse!

Achte auf die Grenzen und Wünsche deiner Partnerin oder deines Partners!

* Woraus setzt sich die Samenflüssigkeit zusammen?
* Was bedeutet es, dass der Glückstropfen Samenflüssigkeit enthält?
* Kann es passieren, dass man einen steifen Penis hat und pinkeln muss?

Name .... Datum .... AB 5b

Der Orgasmus (2/3)

Was passiert beim Samenerguss?

↓

ERREGUNGSPHASE

Reiz:

....

....

↓

Botenstoffe/Hormone:

....

....

....

....

↓

Körperliche Veränderungen:

* .... * ....
* .... * ....
* .... * ....
* .... * ....

↓

PLATEAUPHASE:
Der Erregungszustand wird immer stärker. Ein individuelles Ausmaß der Erregung wird erreicht.

Höhepunkt/Orgasmus:

....

....

RÜCKBILDUNGSPHASE

↓

Entspannung des Körpers:

* .... * ....
* .... * ....
* .... * ....

Der Orgasmus – Worthilfen (3/3)

* Penis erschlafft
* Atmung wird langsamer
* Blutdruck sinkt

* eine Person, die ich anziehend finde
* ein Traum oder ein Bild

* werden vom Gehirn in den Körper geschickt
* geben den Befehl zur Erektion

* Blutzufuhr im Penis erhöht sich
* Penis wird dunkler
* Hoden schwellen an
* Samenflüssigkeit sammelt sich im hinteren Teil der Harnröhre
* Beckenbodenmuskulatur spannt sich an
* Schwellkörper am Penis füllen sich mit Blut, Penis wird steif
* Atmung wird schneller
* Blutdruck steigt

* Ejakulation/Samenerguss
* schönes Gefühl im ganzen Körper

8

Rechte und Pflichten, sexuelle Selbstbestimmung, Verhalten in der Öffentlichkeit

Rechte und Pflichten von Kindern und Jugendlichen

Hintergrundinformationen

In dem „Übereinkommen über die Rechte des Kindes", das im Jahr 1989 von den Vereinten Nationen (UNO) beschlossen worden ist, sind in 54 Artikeln die Grundrechte von Kindern beschrieben. Diese wurden von der UNICEF, der Kinderrechtsorganisation der UNO, in zehn Grundrechten zusammengefasst. Diese lauten:

1. Das Recht auf Gleichbehandlung und Schutz vor Diskriminierung – unabhängig von Religion, Herkunft und Geschlecht
2. Das Recht auf einen Namen und eine Staatsangehörigkeit
3. Das Recht auf Gesundheit
4. Das Recht auf Bildung und Ausbildung
5. Das Recht auf Freizeit, Spiel und Erholung
6. Das Recht, sich zu informieren, sich mitzuteilen, gehört zu werden und sich zu versammeln
7. Das Recht auf eine Privatsphäre und eine gewaltfreie Erziehung im Sinne der Gleichberechtigung und des Friedens
8. Das Recht auf sofortige Hilfe in Katastrophen und Notlagen und auf Schutz vor Grausamkeit, Vernachlässigung, Ausnutzung und Verfolgung
9. Das Recht auf eine Familie, elterliche Fürsorge und ein sicheres Zuhause
10. Das Recht auf Betreuung bei Behinderung

(Quelle: vgl. Bundesministerium für Familie, Senioren, Frauen und Jugend, Referat Öffentlichkeitsarbeit (Hrsg.): Übereinkommen über die Rechte des Kindes, VN-Kinderrechtskonvention im Wortlaut mit Materialien, Berlin 2022)

Bestimmte Rechte, die Kindern und Jugendlichen größere Freiräume im gesellschaftlichen Zusammenleben ermöglichen, hängen mit der Erreichung eines bestimmten Alters zusammen. So können Kinder **ab 12 Jahren**

* mit Erlaubnis der Eltern einen Pass beantragen,
* ohne Kindersitz im Auto mitfahren,
* mit Erlaubnis der Eltern ein Konto eröffnen.

Mit **16 Jahren** müssen Jugendliche einen Personalausweis besitzen und können

* Wein und Bier kaufen.
* bis 24 Uhr allein eine Gaststätte oder ein Kino besuchen,
* den Führerschein Klasse AM (z. B. für Mopeds und Roller) machen,
* vor Gericht vereidigt werden.

Über diese gesetzlichen Regelungen hinaus herrschen in vielen unserer Lebensbereiche spezielle Vorschriften, wie z. B. die Schulordnung, die Hausordnung, Vereinssatzungen oder Spielregeln beim Sport.

Im Strafgesetzbuch, den strafrechtlichen Nebengesetzen und dem Ordnungswidrigkeitenrecht wird beschrieben, welches Fehlverhalten bestraft wird. Das Privatrecht, insbesondere das Bürgerliche Gesetzbuch, regelt wiederum das menschliche Zusammenleben.

Übersicht der Unterrichtsmaterialien

* mehrere Plakate für Kleingruppen und Befestigungsmaterial
* 4 Zettel (DIN A5) mit je einer Altersangabe: „14 Jahre", „16 Jahre", „18 Jahre" und „21 Jahre" sowie 3 Zettel mit „ja", „nein", „weiß nicht"
* Jugendschutzgesetz, z. B. hier: https://www.jugendschutz-aktiv.de/de/gesetzestext
* ggf. Tablets der Schüler*innen
* AB 8.1 Das Jugendschutzgesetz (→ S. 142)

Einstieg

Lassen Sie die Schüler*innen sich zunächst frei zum Thema „Rechte und Pflichten“ von Kindern und Jugendlichen äußern und lenken Sie die Äußerungen im Hinblick auf die danach folgende Gruppenarbeit. Alternativ/ergänzend können Sie als Impuls den Paragrafen 1619 (BGB) zu „Dienstleistungen in Haus und Geschäft“ zitieren, um mit den Schüler*innen über das Thema „Rechte und Pflichten“ ins Gespräch zu kommen.

Erarbeitung

Die Schüler*innen überlegen sich in Kleingruppen, welche Verpflichtungen sie in unterschiedlichen Lebensbereichen wahrnehmen, wie z. B. zu Hause (Mithilfe im Haushalt, Hausaufgaben, Haustier versorgen, sich um Geschwister kümmern ...), Schule (Lernen, Mitarbeit, Klassendienste, Schülermitwirkung ...), außerhalb der Schule (Vereinstätigkeit, Nachhilfeunterricht, Zeitungen austragen ...) und schreiben diese auf Plakate.
Im Unterrichtsgespräch erarbeiten Sie mit den Schüler*innen anschließend, welche Rechte, die gesetzlich verankert sind, sie als Kinder und Jugendliche haben (siehe vorherige Ausführungen). Eine hilfreiche Internetseite für weitere Informationen hierzu ist: https://www.jugendschutz-aktiv.de/de/gesetzestext.

Die gesetzlichen Bestimmungen für Kinder und Jugendliche können von den Schüler*innen über eine „Abstimmung mit den Füßen“ erraten werden bzw. über „Eckenabfrage“.

Möglich ist auch, Kurzreferate an die Schüler*innen zu verteilen (in Partnerarbeit), für die sie selbst zu den Rechten und Pflichten von Kindern und Jugendlichen Recherchen anstellen und die zusammengetragenen Informationen der Klasse vorstellen.

Übung „Eckenabfrage“

Drei leicht zugängliche Ecken im Klassenzimmer werden mit den Zetteln „ja“, „nein“, „weiß nicht“ beschriftet. Sie als Lehrkraft formulieren Aussagen, welche die gesetzlich geregelten Rechte und Pflichten der Schüler*innen betreffen, als „Ja-/Nein-Fragen“ z. B. *„Jugendliche dürfen erst mit 18 Jahren Bier trinken“*, *„Jugendliche dürfen erst mit 18 Jahren Pornos anschauen“*.

Sie können sich hierzu an der Tabelle auf AB 8.1 Das Jugendschutzgesetz (➜ S. 142) bzw. der links genannten Internetseite orientieren.

Die Schüler*innen stellen sich in die jeweilige Ecke, in der sie die richtige Antwort vermuten.

Übung „Abstimmung mit den Füßen“

Hierbei werden je ein Zettel mit den Altersangaben 14, 16, 18, 21 Jahre auf dem Boden verteilt und die Schüler*innen ordnen sich den Aussagen der Lehrperson, zu, z. B. *„Ab wann darfst du allein Alkohol kaufen?“*.

Sicherung

Zur Sicherung bearbeiten die Schüler*innen AB 8.1 Das Jugendschutzgesetz (➜ S. 142). Die Ergebnisse werden im Plenum verglichen und besprochen.

Das Jugendschutzgesetz

In unserer Gesellschaft erhalten Kinder (unter 14 Jahren) und Jugendliche (14 bis 18 Jahre) einen besonderen Schutz.
Die Schutzmaßnahmen sind im Jugendschutzgesetz geregelt.
Es regelt unter anderem den Verkauf und den Konsum von Tabak und Alkohol, den Aufenthalt in Diskotheken und Kinos.
Es regelt auch den Zugang zu Video- und Computerspielen über Altersfreigaben.

Lösung: *

Aufgaben:

* Informiere dich unter: https://www.jugendschutz-aktiv.de über das Jugendschutzgesetz.
* Auf dieser Internetseite kannst du einen Selbsttest durchführen: (https://www.jugendschutz-aktiv.de/de/selbsttest) und deine Fragen am „Jugendschutzrechner" klären.
* Was meinst du: Ist das Gesetz zu streng? Halten sich alle an das Gesetz? Diskutiere mit deinen Mitschülerinnen und Mitschülern und deinen Eltern.
* Lies die Tabelle und kläre unbekannte Begriffe. Male die Kreise in der richtigen Farbe an.
* Diskutiert darüber in der Klasse.

Aus dem Jugendschutzgesetz	ab 14 Jahren	ab 16 Jahren	ab 18 Jahren
sich in einer Gaststätte aufhalten, um dort etwas zu essen oder nicht alkoholisches zu trinken (in der Zeit von 5 Uhr morgens bis 24 Uhr nachts)	○	○	○
sich in einer Nachtbar, einem Nachtclub oder einem ähnlichen Lokal aufhalten	○	○	○
eine Disco, eine öffentliche Party oder ein Vereinsfest besuchen	○	○	○
eine Spielhalle besuchen	○	○	○
an einem Spiel teilnehmen, bei dem man etwas Wertvolles gewinnen kann (Geld, Auto, Reise ...)	○	○	○
einen jugendgefährdenden Ort besuchen, wie z.B. ein Porno-Kino	○	○	○
Wein, Bier, Sekt oder Mischgetränke mit Wein, Bier und Sekt kaufen oder trinken	○	○	○
Schnaps oder andere hochprozentige, alkoholische Getränke kaufen oder trinken	○	○	○
Zigaretten, Zigarren, E-Zigarren oder E-Shishas (auch ohne Nikotin) kaufen oder rauchen	○	○	○
Kinofilme mit den Angaben „ab 0 J.", „ab 6 J.", „ab 12 J.", besuchen	○	○	○
Kinofilme mit den Angaben „Infoprogramm" oder „Lehrprogramm" besuchen	○	○	○

Verwende folgende Farben zum Ausmalen der Kreise:
Grün = erlaubt
Orange = mit Begleitung von Eltern/Vormund erlaubt
Rot = nicht erlaubt

Sexualisierte Gewalt und sexuelle Selbstbestimmung

8

Hintergrundinformationen

Diese Einheit verlangt ein sehr feines Fingerspitzengefühl seitens der Lehrkraft (siehe weitere Ausführungen). Denn in vielen Klassen haben Schüler*innen leider bereits Vorerfahrungen mit sexualisierter oder sexueller Gewalt.

Sexualisierte Gewalt

Die Formen sexueller Gewalt sind mannigfaltig: Stalking, Gewalt in der Familie, Gewalt in Partnerschaft und Ehe, sexuelle Ausbeutung am Arbeitsplatz, Vergewaltigung und Nötigung, Belästigung, erzwungene Prostitution, Zwangsverheiratung, Kinderpornografie und sexueller Missbrauch von Kindern, um nur einige zu nennen.

Es ist wichtig, zu beachten, dass sexuelle Gewalt in jedweder Form eine schwere Straftat darstellt und das Opfer Hilfe und Unterstützung benötigt.

„In Deutschland wurden im Jahr 2020 rund 15.500 Fälle von sexuellem Kindesmissbrauch angezeigt. Das Dunkelfeld ist aber um ein Vielfaches größer. Die Weltgesundheitsorganisation (WHO) geht davon aus, dass bis zu einer Million Kinder und Jugendliche in Deutschland bereits sexuelle Gewalt durch Erwachsene erfahren mussten oder erfahren. Das sind rund ein bis zwei Kinder in jeder Schulklasse. Viele dieser Fälle gehen nicht in die Kriminalstatistik ein, weil sie nie zur Anzeige gebracht werden, und bilden sich auch ansonsten nicht im Hellfeld ab. (...)

Für das Jahr 2022 verzeichnet die deutsche Kriminalstatistik:

* 15.520 Fälle von sexuellem Kindesmissbrauch
* 42.075 Fälle von Verbreitung, Erwerb, Besitz und Herstellung von Missbrauchsdarstellungen, sogenannter „Kinderpornografie"
* 6.746 Fälle von Verbreitung, Erwerb, Besitz und Herstellung ‚Jugendpornografie'"

(Quelle: Arbeitsstab der Unabhängigen Beauftragten für Fragen des sexuellen Kindesmissbrauchs: Zahlen zu sexuellem Kindesmissbrauch in Deutschland, https://beauftragte-missbrauch.de/themen/definition/zahlen-zu-sexuellem-kindesmissbrauch-in-deutschland), letzter Zugriff: 19.06.2023

„Bei unter 14-Jährigen ist grundsätzlich davon auszugehen, dass sie sexuellen Handlungen nicht zustimmen können. Sexuelle Handlungen sind immer als sexuelle Gewalt zu werten, selbst wenn ein Kind ausdrückt, dass es einverstanden ist, oder ein Täter oder eine Täterin dies so interpretiert."

(Quelle: Arbeitsstab der Unabhängigen Beauftragten für Fragen des sexuellen Kindesmissbrauchs: Definition von Kindesmissbrauch, https://beauftragte-missbrauch.de/themen/definition/definition-von-kindesmissbrauch), letzter Zugriff: 19.06.2023

„... diese Handlungen können sehr verschieden sein: Sie reichen von anzüglichen Bemerkungen und mehrdeutigen Nachrichten, die nicht unter Strafe stehen, über Zungenküsse, Entblößen und Masturbieren vor Kindern oder Jugendlichen, das Zeigen von Pornografie oder auch Missbrauchsdarstellungen von Kindern oder dem Erzwingen von sexuellen Handlungen vor der Webcam bis zum Betasten und Manipulieren der Geschlechtsteile oder zu einer Vergewaltigung.

Sexueller Missbrauch ist immer ein Angriff auf die ganze Person.

Unabhängig davon, wie schwerwiegend die Handlungen sind, ob sie online oder offline stattfinden, strafbar sind oder nicht: Sexueller Missbrauch ist ein Angriff auf die ganze Person des jungen Menschen, auf sein Grundvertrauen und seine psychische und körperliche Unverletzlichkeit (Integrität). Sexueller Missbrauch führt bei den Betroffenen zu Erfahrungen von großem Vertrauens- und Kontrollverlust, Ohnmacht, Demütigung, Scham und Ekel. [...]"

(Quelle: Arbeitsstab der Unabhängigen Beauftragten für Fragen des sexuellen Kindesmissbrauchs: Definition von Kindesmissbrauch, https://beauftragte-missbrauch.de/themen/definition/definition-von-kindesmissbrauch), letzter Zugriff: 19.06.2023

Sexualisierte Gewalt und sexuelle Selbstbestimmung

Immer mehr hält der Begriff **„sexualisierte Gewalt“** Einzug. Darunter versteht man Handlungen, die das sexuelle Selbstbestimmungsrecht des Menschen verletzen. Der Begriff ist weiter gefasst und kann von anzüglichen Bemerkungen und „Grabschen“ bis hin zur Ausübung massiver körperlicher Gewalt gehen. Er bezieht auch die „Grauzonen“ der individuellen Wahrnehmung und Interpretation mit ein. Der Begriff „sexualisierte Gewalt“ wird auch verwendet, „wenn Autorität, Macht oder Vertrauen gegenüber einem Kind/Jugendlichen benutzt werden, um eigene sexuelle Bedürfnisse zu befriedigen. Dies muss nicht immer körperliche Spuren hinterlassen.“

(Quelle: Zartbitter Münster e.V.: *Sexualisierte Gewalt – ein gesellschaftliches Thema. Der Begriff „Sexualisierte Gewalt“*, https://www.zartbitter-muenster.de/informationen/sexualisierte-gewalt/begriffsdefinition), letzter Zugriff: 26.06.2023

Die Wahrnehmung von sexualisierter Gewalt ist sehr individuell geprägt. Dieselbe Situation mag bei unterschiedlichen Menschen verschieden konnotiert sein, wobei die Sichtweise des Opfers ausschlaggebend sein sollte. Sie wird mitbestimmt durch die Vorerfahrungen, eigenen Werte und Prägungen. Besonders im Bereich der sexualisierten Gewalt werden die Grenzüberschreitungen häufig bagatellisiert. Sexualisierte und sexuelle Gewalt tritt häufig in Abhängigkeitsverhältnissen und in Machtgefällen innerhalb von Partnerschaften oder bei Menschen aus dem Familien-, Freundes- oder Bekanntenkreis auf. Der geringere Anteil der Täter*innen ist pädophil (psychische Störung). Die Täter*innen stammen aus allen sozialen Schichten und die Handlungen sind meist gut vorbereitet und geplant. Häufig kommt es zu Wiederholungstaten. Die Täter*innen nehmen meist Kontakt zu den Kindern und Jugendlichen auf, äußern Versprechungen, Drohungen und Redeverbot. Auch werden subtile Schuldzuweisungen ausgesprochen. Häufig suchen die Kinder und Jugendlichen bei sich die Schuld. Betroffenen Kindern wird meist wenig Glauben geschenkt und im Schnitt wird ihnen 6- bis 7-mal Hilfe verwehrt.

„Sexualisierte Gewalt führt zu Verletzungen des Körpers und der Seele und kann tiefe Spuren im Erleben und Erinnern vieler Mädchen und Jungen hinterlassen. Sexualisierte Gewalt konfrontiert betroffene Kinder und Jugendliche mit einem kaum zu bewältigenden Gefühlschaos von Scham, Schuld, Ekel, absoluter Hilflosigkeit und Angst. Die Überlebensstrategien, die es ihnen ermöglichen, eine andauernde Missbrauchssituation oder eine Vergewaltigung auszuhalten, prägen sich häufig tief ein. Sie bestimmen ihr Leben als (junge) Erwachsene weiter.“

(Quelle: Zartbitter Münster e.V.: Sexualisierte Gewalt – ein gesellschaftliches Thema. Der Begriff "Sexualisierte Gewalt", https://www.zartbitter-muenster.de/informationen/sexualisierte-gewalt/begriffsdefinition), letzter Zugriff: 26.06.2023

Schule sollte einen Schutzraum darstellen. Wenn Lehrkräfte wegen sexualisierter und sexueller Gewalt angesprochen und um Hilfe gebeten werden, ist ein schnelles und couragiertes Handeln gefragt. Allerdings sollten Lehrkräfte (wie auch Eltern) sehr vorsichtig mit den Aussagen und dem Vertrauen der betroffenen Schüler*innen umgehen und sich Hilfe z. B. beim Kinderschutzbund oder den Jugendzentren holen und nicht eigenmächtig und vorschnell handeln.

Bei Kindern sollte man von den Begriffen „Opfer“ und „Täter*in“ absehen und lieber Begriffe wie „betroffene Kinder“ und „übergriffige Kinder“ verwenden, um einer frühzeitigen Festschreibung und Stigmatisierung entgegenzuwirken.

Sexuelle Gewalt trifft nach wie vor vermehrt Menschen mit Behinderungen und Beeinträchtigungen. In den letzten 20 Jahren haben sich Verständnis und Unterstützungsangebote zwar verbessert, dennoch wird ein selbstbestimmtes Sexualleben diesem Personenkreis häufig nicht oder nur teilweise zugestanden – besonders, wenn sie in Einrichtungen leben.

Studien belegen, dass Frauen mit Behinderung in hohem Maße von Grenzverletzungen, Gewalt und sexueller Gewalt betroffen sind.

(Nach: Bundeszentrale für gesundheitliche Aufklärung (BZgA): FORUM Sexualaufklärung und Familienplanung, Heft 1-2017: Sexualität und Behinderung, S. 19 f.)

„Repräsentative Untersuchungen zu sexueller Gewalt gegen Mädchen und Frauen mit Behinderungen (15- bis 65-Jährige) weisen darauf hin, dass diese **zwei- bis dreimal häufiger sexuellem Missbrauch** in Kindheit und Jugend ausgesetzt sind als der weibliche Bevölkerungsdurchschnitt."

(Quelle: Arbeitsstab der Unabhängigen Beauftragten für Fragen des sexuellen Kindesmissbrauchs: Zahlen zu sexuellem Kindesmissbrauch in Deutschland, https://beauftragte-missbrauch.de/themen/definition/zahlen-zu-sexuellem-kindesmissbrauch-in-deutschland), letzter Zugriff: 19.06.2023

Sexualpädagogik beinhaltet Sexual- und Sozialerziehung. Sie fördert die Entwicklung von Körperbewusstsein, der eigenen Identität und des Selbstbewusstseins und stellt somit eine Möglichkeit der Prävention von (sexueller) Gewalt dar. Ziel dieser Einheit ist es, dass die Schüler*innen ein Gefühl für ihre Rechte im körperlich-sexuellen und sozial-emotionalen Bereich und deren Überschreitungen bekommen, ihre Grenzen wahrnehmen und Handlungsstrategien entwickeln. Die Jugendlichen können auf das Jugendstrafrecht hingewiesen werden. Des Weiteren reflektieren die Schüler*innen erwünschte und unerwünschte Verhaltensweisen in der Öffentlichkeit.

Sexuelle Selbstbestimmung und Schutz vor sexualisierter Gewalt

Sich in allen Aspekten, die den eigenen Körper betreffen, selbstbestimmt entfalten zu können, ist ein wichtiges Menschenrecht. Sexuelle Selbstbestimmung beinhaltet die Freiheit, über die eigene sexuelle Orientierung, die Wahl der Sexualpartner*innen und der Praktiken und die Art der sexuellen Beziehungen selbst zu entscheiden. Umgekehrt gilt es, dieses Recht auch bei allen anderen Mitmenschen zu respektieren. Zur sexuellen Selbstbestimmung gehört auch das Recht auf Aufklärung und Information sowie das Recht, Nein zu sagen, wenn man in diesem Recht eingeschränkt wird. Das Recht auf sexuelle Selbstbestimmung schließt das Recht auf Schutz vor sexuellem Missbrauch ein.

Voraussetzung für die sexuelle Selbstbestimmung ist, dass Personen aufgrund ihrer geistigen und seelischen Entwicklung in der Lage sind, die Bedeutung und auch die möglichen Folgen einer sexuellen Handlung zu erkennen und danach handeln können. Bei Kindern unter 14 Jahren wird davon ausgegangen, dass diese Entwicklung altersbedingt noch nicht abgeschlossen ist.

Ab 14 Jahren dürfen Jugendliche aus rein staatlicher Sicht grundsätzlich selbst freiwillige sexuelle Handlungen mit Personen über 14 Jahren ausführen, wobei die Elternrechte dabei trotzdem bestehen bleiben. Jugendliche über 14 Jahren, die sexuelle Handlungen an oder mit Jugendlichen unter 14 Jahren durchführen, machen sich jedoch strafbar, selbst wenn diese Handlungen freiwillig erfolgen.

Der Begriff der sexuellen Handlung setzt dabei nicht voraus, dass es zum Geschlechtsverkehr kommen muss.

Was sind sexuelle Handlungen?

„Eine Handlung ist immer dann als sexuell zu bewerten, wenn sie nach dem äußeren Erscheinungsbild eine Beziehung zum Geschlechtlichen aufweist. [...] Eine sexuelle Handlung an einem/einer anderen ist zunächst immer das Berühren der Geschlechtsteile und/oder der unmittelbaren Umgebung. Hierfür ist es unerheblich, ob dies schnell oder langsam und hartnäckig geschieht. Ebenso unerheblich ist, ob die Berührung ober- oder unterhalb der Kleidung stattfindet. Egal ist weiterhin, welches Körperteil der Berührende einsetzt (Hand, Fuß, Knie) oder ob die Berührung sogar mit einem Gegenstand erfolgt (Stock, Handschuh). Ebenso unerheblich ist – was vielen nicht bekannt ist – ob die betroffene Person den Vorgang wahrnimmt oder nicht (etwa wegen Schlaf, Bewusstlosigkeit [...]. Generell kann man sagen, dass eine sexuelle Handlung immer dann gegeben ist, wenn die konkrete Handlung geeignet ist, die Freiheit der sexuellen Selbstbestimmung erheblich zu beeinflussen."

(Quelle: Nikolai Odebralski (Rechtsanwalt): Sexueller Missbrauch: Was ist eine „sexuelle Handlung"?, 12.10.2012 https://www.anwalt.de/rechtstipps/sexueller-missbrauch-was-ist-eine-sexuelle-handlung_033067.html), letzter Zugriff: 26.06.2023

Hilfe bei sexuellem Missbrauch findet sich hier:
https://www.hilfe-portal-missbrauch.de/

Sexualisierte Gewalt und sexuelle Selbstbestimmung

Übersicht der Unterrichtsmaterialien

* mehrere Zettel pro Schüler*innen und Befestigungsmaterial
* Skala von 1 bis 10 (z. B. als großer Papierstreifen zum Anheften an die Tafel oder als Tafelanschrieb)
* ggf. Aussagekärtchen mit Aussagen, die als „gute" bzw. „schlechte Geheimnisse" bzw. Aussagen gewertet werden können bzw. dazu auffordern, zu schweigen, in mind. doppelter Anzahl der Schüler*innen
* AB 8.2 Mein Körper gehört mir! (→ S. 149)
* AB 8.3 Vertraue deinem Bauchgefühl! (→ S. 150)
* AB 8.4 Nein! Das geht zu weit! (→ S. 151)
* AB 8.5 Sexuelle Übergriffe (→ S. 152)

Einstieg

Besprechen Sie mit den Schüler*innen im Rahmen eines Unterrichtsgesprächs, welche Arten von Gewalt sie kennen (unter anderem physisch-körperlich, psychisch-seelisch, Gewalt gegen Sachen, Cyber-Gewalt). Die Schüler*innen überlegen sich Beispiele. Diese schreiben sie auf Zettel und legen sie an einer Skala von 1–10 an, je nachdem, wie schwerwiegend sie diese Gewalttaten einschätzen. Ähnlich kann nochmals mit sexualisierter und sexueller Gewalt verfahren werden.
Es darf diskutiert werden! Auf dieser Grundlage erarbeiten Sie, dass es ganz unterschiedliche Zugänge zu Sexualität gibt, unterschiedliche Lebensweisen und (familiäre) Gepflogenheiten existieren und sich diese auf die Einschätzung von sexualisierter Gewalt auswirken können. Auch werden in der Pubertät diese Gepflogenheiten neu hinterfragt. So können es einige Jugendliche z. B. als übergriffig empfinden, dass ihre Freundinnen und Freunde von ihren Eltern auf den Mund geküsst werden und für andere ist dies eine anerkannte und normale familiäre Geste. Aber Achtung: Es geht nicht darum, Handlungen gegeneinander abzuwägen und zu verharmlosen oder pauschale Aussagen darüber zu treffen, was noch „okay" ist. Denn: Jede*r empfindet und bewertet jede Handlung für sich anders. Die Jugendlichen sollten weiterhin erfahren, dass es gesetzliche Bestimmungen gibt, die bestimmte Handlungen unter Strafe stellen, und dass diese über der persönlichen Bewertung stehen.

Als Übung zur Einschätzung von sexuellen Handlungen eignet sich auch eine „Eckenabfrage" (siehe S. 143), bei der die Schüler*innen ihre Einschätzungen zu bestimmten sexuellen (Zuwider-)Handlungen abgeben (strafbar oder nicht strafbar?). Im Folgenden finden Sie einige Beispiele für sexuelle Handlungen, die strafbar sind. Zu beachten ist jedoch, dass keine pauschalen Umkehrschlüsse gezogen werden dürfen. D. h. eine Handlung gilt nicht als automatisch straffrei, wenn sie das Gegenteil einer der hier aufgeführten Handlungen darstellt.

Strafbare sexuelle Handlungen	
Berührung des bedeckten Geschlechtsteils oder von dessen Umgebung, wie z. B. Innenseiten der Oberschenkel (auch im Schlaf oder bei Bewusstlosigkeit der berührten Person)	das Spielen an den Brustwarzen von Personen
jegliche Berührung nackter Geschlechtsteile	nachgeahmte Penetrationsbewegungen bei anderen mit Gegenständen
Zungenkuss von Minderjährigen	sexualisierte Darstellungen, Herstellung und Verbreitung von Bild und Video bei Kindern und Jugendlichen
Fotografieren eines Kindes mit gespreizten Beinen ohne Unterhose	der Griff unter die Kleidung an die Brüste (auch bei Kleinkindern ohne Brustansatz, bei denen sich voraussichtlich Brüste entwickeln werden)

(Quelle: vgl. Nikolai Odebralski (Rechtsanwalt): Sexueller Missbrauch: Was ist eine „sexuelle Handlung"?, 12.10.2012 https://www.anwalt.de/rechtstipps/sexueller-missbrauch-was-ist-eine-sexuelle-handlung_033067.html), letzter Zugriff: 19.06.2023

Die Schüler*innen sollen dafür sensibilisiert werden, welche Verhaltensweisen gesetzlich verboten sind, um die sexuelle Selbstbestimmung anderer zu respektieren und um nicht ggf. unwissend mit dem Gesetz in Konflikt zu geraten. Denn wie oben bereits erwähnt, setzt der Begriff der sexuellen Handlung nicht zwingend voraus, dass es zum Geschlechtsverkehr kommen muss.

Schutz vor sexualisierter Gewalt

Im Folgenden finden Sie Ideen und Vorschläge zur Erarbeitung dieser Inhalte, die Sie als Lernbegleiter*in, auf die Situation in Ihrer Lerngruppe angepasst, einsetzen können.

Falls Sie den Themenkomplex „Umgang mit sexualisierter Gewalt" intensiver in Ihrem Unterricht durchnehmen möchten, kann ich Ihnen u. a. die Heftreihe „Trau dich!" der BZgA empfehlen. Auch können Sie viele Informationen zur Prävention und zum Umgang mit sexueller Gewalt im Internet finden. Einrichtungen wie Pro Familia und AWO, wie auch einige Gynäkolog*innen bieten Aufklärungsprogramme mit diesem Schwerpunkt an.

Erarbeitung & Sicherung

Die Schüler*innen können in Einzelarbeit AB 8.2 Mein Körper gehört mir! (→ S. 149) bearbeiten. Dabei überlegen sie jeweils für sich, welche Berührungen sie von welcher Person in ihrem Umfeld zulassen. Dieses Arbeitsblatt kann auch als Impuls dienen, bestimmte Situationen und Berührungen zu hinterfragen, die die Schüler*innen bislang toleriert haben, weil sie sich z. B. nicht getraut haben, sich abzugrenzen. Machen Sie den Schüler*innen deutlich, dass Sie jederzeit ein offenes Ohr für sie haben, falls jemand über Erfahrungen mit sexueller/sexualisierter Gewalt sprechen will.

Alternativ können Sie die Aussagen auf AB 8.3 Vertraue deinem Bauchgefühl! (→ S. 150) zur Grundlage für die Übungen „Abstimmung mit den Füßen" oder „Eckenabfrage" (siehe S. 141) verwenden. Die Aussagen vom Arbeitsblatt können Sie durch weitere ergänzen.

Manche Situationen/Inhalte können zum besseren Nachempfinden und um erste Ansätze zum Umgang damit zu finden, von den Schüler*innen auch in Szenenspielen nachgespielt werden.

Die genannten Arbeitsblätter können zur Erarbeitung und Sicherung verwendet werden.

Zum Themenbereich „Nein sagen" empfehle ich folgende Übung.

Übung „Nein sagen"

Die Schüler*innen stellen sich paarweise gegenüber auf und sagen 2 Minuten lang nichts anderes als „Nein" in sämtlichen Variationen. Sie sollen dann nachspüren und sich gegenseitig Rückmeldung geben. Auch kann hier auf die Körperhaltung eingegangen werden. Ein Nein mit Händen in Abwehrhaltung vor dem Körper wirkt viel klarer als ein leises Nein ohne Körpereinsatz. Auch die Übung „Stopp!" (siehe S. 9) passt an dieser Stelle. AB 8.4 Nein! Das geht zu weit! (→ S. 151) kann ergänzend eingesetzt werden.

Anhand einer Körperübung können die Gefühle in unterschiedlichen Körperregionen unterschiedlich wahrgenommen werden. So fühlt sich ein klares, gutes Gefühl im ganzen Körper und im Herzen gut an, Angst ist meist im Damm wahrzunehmen, sexuelle Erregtheit im Genitalbereich, ein ungutes oder unklares Gefühl im Bauch. Sie können mit den Schüler*innen unterschiedliche Körperwahrnehmungen erarbeiten. Anhand der Situationen auf AB 8.3 Vertraue deinem Bauchgefühl! (→ S. 150) können diese Körperwahrnehmungen nochmals geübt werden.

Das Verständnis von und der Umgang mit Geheimnissen ist sehr unterschiedlich. Das Abwägen, was „gute Geheimnisse" und was „schlechte Geheimnisse" sind, ist häufig der Moral- und Wertvorstellung der sozialen Gruppe, in der die Jugendlichen aufwachsen, den Prägungen, wie auch sehr individuellen Kriterien unterworfen. Die Schüler*innen können in Form des Innen-/Außenkreises Statements, die zu schlechten Geheimnissen werden, austauschen. Solche Aussagen sind auf AB 8.5 Sexuelle

Übergriffe (→ S. 152) zu finden. Ergänzen Sie die Aussagen mündlich im Unterricht um weitere bzw. lassen Sie diese von den Schüler*innen erarbeiten. Unter dem Deckmantel vermeintlicher Hilfsangebote werden den Jugendlichen oft Handlungen oder Nacktfotos entlockt, die sie unter „normalen" Umständen nicht machen würden, z. B. die Erstellung eines vermeintlichen Diätplans, für den man Nacktfotos des Opfers benötigt, um die Körperform beurteilen zu können. Machen Sie die Jugendlichen sensibel dafür, dass Übergriffe gut getarnt daherkommen und auch nicht sofort stattfinden, sondern mitunter von langer Hand geplant werden.

Übung „Nicht nur ‚Nein' heißt ‚Nein'!"

Gerade Jugendlichen fällt es in ihren ersten Partnerschaften oft schwer, Grenzen zu setzen und über Sexualität klar zu kommunizieren. Deswegen sollten sie dafür sensibilisiert werden, dass aktiver Konsens wichtig ist und dass sich Widerspruch in vielen Formen zeigen kann, nicht nur im gesprochenen Nein.
Lesen Sie den Schüer*innen zu Beginn die Geschichte vor. In kleinen Gruppen sollen sie dann überlegen:
Woran kann man erkennen, der*die Partner*in auf eine bestimmte (sexuelle) Handlung keine Lust hat? (z. B. wegdrehen, Thema wechseln, Hand wegschieben, Tränen, Aussagen wie: „Vielleicht irgendwann anders ...", „Ich weiß nicht ...")
Wie kann man sicherstellen, dass der*die Partner*in eine bestimmte (sexuelle) Handlung auch wirklich will? (z. B. keinen Druck ausüben, nachfragen [„Möchtest du? Ist das schön so? Sollen wir weitermachen?"] auf positive Körpersignale achten, der*dem anderen die aktive Rolle überlassen ...)

Geschichte:
„Stell dir vor, du hast einen Freund/eine Freundin. Ihr liegt bei dir auf dem Sofa, kuschelt und schaut Netflix. Deine Eltern sind nicht zu Hause. Das wäre doch eine gute Gelegenheit ... Du rückst immer näher, streichelst ihr/ihm über den Arm, den Bauch, langsam weiter nach unten ... Aber irgendwie reagiert sie/er kaum und rückt sogar ein Stück weg.
Wie würdest du in der Situation weitermachen?"
Im Anschluss können die Schüler*innen sich in einem Unterrichtsgespräch überlegen, wem sie sich bei Übergriffen, innerhalb oder außerhalb von Partnerschaften, anvertrauen würden. Sie können Charaktereigenschaften oder Beziehungsverhältnisse benennen, die es ihnen erleichtern, sich dieser Person anzuvertrauen. Es gibt ein Kinder- und Jugendtelefon. Die „Nummer gegen Kummer" lautet: 116111.

Konkrete Opferthemen sollten nicht in der Gruppe besprochen werden. Generell wird hier viel Fingerspitzengefühl benötigt. Holen Sie sich bei Bedarf Unterstützung durch eine Kollegin oder einen Kollegen oder durch ein*e Schulsozialarbeiter*in. Im Umgang mit Opfern sexueller Gewalt ist es wichtig, behutsam und vertrauensvoll mit den Schüler*innen umzugehen, die die Lehrkraft ins Vertrauen nehmen. Die Schüler*innen erfahren, dass sie gehört werden und Hilfe erhalten. Sie werden ernst genommen und es kann zu rechtlichen Schritten kommen, auch wenn sie absichtlich Unwahrheiten verbreiten. Von der BZgA gibt es hierzu eine Broschüre „Respekt, Schule als ideale Orte der Prävention sexueller Gewalt – trau dich", die beim Umgang mit Schüle*innen, die Erfahrungen mit sexuellen Übergriffen gemacht haben, Unterstützung bieten kann.

Name .... Datum .... AB 2

Mein Körper gehört mir!

Aufgabe:

* Überlege, was du von wem gerne möchtest. Trage in die letzten Spalte noch eine Person ein und in die letzten zwei Zeilen noch weitere Berührungen. Fülle die Tabelle mit den Smileys ☺ und ☹ aus. Wenn du dir unsicher bist, trage ein Fragezeichen (?) ein.

	Vater	Mutter	Bruder	Schwester	Onkel	Tante	beste Freundin/ bester Freund	Partner/ Partnerin	Oma	Opa	niemand	
mir über meinen Rücken streichen												
mir über meine Haare streichen												
meine Wangen berühren												
mir einen Kuss auf die Wange geben												
meine Lippen küssen												
meine Oberschenkel berühren												
mich in den Arm nehmen												
mich kitzeln												
mich im Genital-bereich berühren												
mir einen Klaps auf den Po geben …												

Name .... Datum .... AB 3

Vertraue deinem Bauchgefühl!

Es gibt eindeutig gute Bauchgefühle und oft eindeutig schlechte Bauchgefühle. Manchmal bist du dir vielleicht auch unsicher.

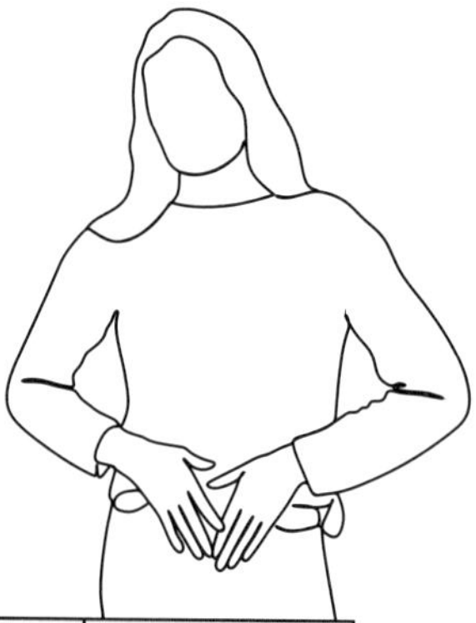

Aufgabe:

* Lies die Texte durch! Achte auf dein Bauchgefühl. Was löst ein gutes ☺ oder ein schlechtes ☹ Bauchgefühl in dir aus? Wann bist du dir unsicher 😐?
* Kreuze an und ergänze weitere Situationen.

	☺	😐	☹
Du gehst im Park spazieren. Hinter dir läuft die ganze Zeit eine Person her, die du nicht kennst.			
Deine Freundin/dein Freund möchte mit dir bei Dunkelheit über den Friedhof laufen.			
Du gehst durch eine Unterführung. Plötzlich kommt jemand auf dich zu, zieht sich vor dir die Hose aus und reibt mit seinen Händen an seinem Penis.			
Du gehst allein durch die Fußgängerzone und jemand pfeift dir nach.			
Auf deinem Handy sind Texte von Personen, die du nicht kennst, und die dir schreiben, dass sie dich toll finden und dich treffen wollen.			
Du wirst von einer fremden Person angesprochen, die dir Geld geben will, wenn du mit ihr mitgehst.			
Du gehst allein mit deinem Hund abends Gassi.			
Du wirst auf dem Weg nach Hause von einer fremden Person gefragt, ob du ins Auto einsteigen und mitfahren möchtest.			
Eine Freundin erzählt dir, dass sie sich heimlich mit einem viel älteren Typen trifft.			
Im Bus setzt sich eine fremde Person neben dich, die ihren Arm um deinen Sitz legt.			
Beim Schwimmunterricht kommt euer Trainer in eure Kabine und schaut euch beim Umziehen zu.			
Im Klassenchat stellt eine Person Bilder von fast nackten Personen ein.			
Ein Mann steht am Straßenrand und pinkelt.			

* Was kannst du machen, wenn du ein unangenehmes Bauchgefühl hast?

....

....

....

Name .... Datum AB4

Nein! – Das geht zu weit!

Aufgabe:

- Schreibe „Halt, Stopp!“ in die Sprechblasen.
- Was meinst du, was passiert ist? Schreibe Texte unter die Bilder.
- Überlege dir eine weitere Szene. Male und beschreibe sie in deinem Heft.

....
....
....

....
....
....

....
....
....

....
....
....

Wichtig: Sag „Nein!“, wenn dich jemand auslacht, dich unerlaubt anfasst oder dir Gewalt antut!

Sexuelle Übergriffe

**Täterinnen und Täter tragen die Verantwortung!
Sie sind schuld, nicht die Opfer!**

Jeder und jede kann Opfer sexueller Übergriffe werden. Sie können im Verein, in der Gemeinde, in einer Beziehung oder auch in der Verwandtschaft passieren. Häufig kennen die Kinder und Jugendlichen die Täter oder Täterinnen. Nur in wenigen Fällen (15 %) sind es fremde Menschen. Meist ist es den Betroffenen peinlich und sie möchten nicht darüber sprechen. Der Täter oder die Täterin versucht, das Opfer oft mit miesen Aussagen oder Erpressungen ruhig zu halten.
Verstecke dich nicht! Es ist wichtig, sich Unterstützung zu holen!
Immer wieder gibt es aber auch Jugendliche, die eine falsche Aussage machen, um Aufmerksamkeit zu bekommen. Es ist nicht lustig, etwas Falsches zu behaupten, und schadet allen Beteiligten. In einem Ernstfall werden diese Jugendlichen dann vielleicht nicht mehr ernst genommen! **Bleib deshalb immer bei der Wahrheit!**

Aufgaben:

* Bei welchen Aussagen musst du aufmerksam werden und etwas tun? Streiche die miesen Aussagen durch.

„Du willst abnehmen? Schick mir ein Foto von dir, auf dem du nichts anhast. Ich sage dir, welche Körperform du hast und welche Diät zu dir passt."

„Wenn du niemandem was verrätst, dann bekommst du Geld von mir."

„Es ist ganz normal, dass Jugendliche und Erwachsene so etwas machen."

„Sag es niemandem, aber Frau Müller hat sich neulich in der Nase gebohrt!"

„Das willst du doch auch. Das gefällt dir doch!"

„Wenn du es verrätst, dann passiert dir etwas ..."

„Ich finde Mädchen extrem blöd!"

„Sag es niemandem weiter! Ich wollte das nicht tun ..."

Falls du Hilfe und Unterstützung brauchst, dann rufe die Nummer gegen Kummer an. Hier wirst du gehört und beraten!

Die Nummer gegen Kummer: 116111

Verhalten in der Öffentlichkeit

8

Hintergrundinformationen

In der Pubertät sind Jugendliche meist sehr verunsichert, wie sie sich verhalten sollen. Zum einen wollen sie so erwachsen und cool wie möglich erscheinen, um bei ihrer Peergroup gut anzukommen, und zum anderen steckt in ihnen doch noch ein nach Orientierung suchendes Kind. Sie können die Schüler*innen unterstützen, indem Sie sie darin bestärken, ihrer Intuition, ihrem Bauchgefühl zu vertrauen, nichts zu machen, was ihnen wirklich zutiefst unangenehm ist (siehe vorhergehende Einheit). Regeln, die unser gesellschaftliches Miteinander leiten, Konventionen und Höflichkeitsregeln helfen bei der Orientierung im Alltag. Gesetze, wie das Jugendschutzgesetz (siehe S. 142 f.), das den Schutz von Kindern und Jugendlichen in der Öffentlichkeit regelt, bieten den Jugendlichen wiederum Sicherheit. Zu wissen, woran man sich halten kann und was von anderen zu erwarten ist, hilft den Jugendlichen dabei, sich in einem neuen Lebensabschnitt zurechtzufinden.

Der Schwerpunkt dieser Einheit liegt auf dem Verhalten in der Öffentlichkeit. Im Download befindet sich ein weiteres Arbeitsblatt, welches das Verhalten in Beziehungen/Freundschaften thematisiert. Dieses können Sie zum Anlass nehmen, um das Thema „Verhalten in Beziehungen" zu behandeln.

Übersicht der Unterrichtsmaterialien

* AB 8.6 Kleiner Knigge (→ S. 154–155)
* AB 8.7 Wie würdest du dich verhalten? (→ im Download)

Einstieg

Besprechen Sie mit den Schüler*innen zum Einstieg, an welchen Orten bzw. zu welchen Freizeitaktivitäten sie ihre Freundinnen und Freunde treffen. Sprechen Sie mit den Schüler*innen darüber, wie sie sich mit Freund*innen in der Öffentlichkeit verhalten, wie Erwachsene ihnen begegnen, was sie ggf. als Einschränkungen erleben etc.

Erarbeitung & Sicherung

In Rollenspielen können Sie mit den Schüler*innen anschließend erarbeiten, welches Verhalten sie in der Öffentlichkeit für angemessen/unangemessen halten. Denken Sie sich hierzu Situationen aus dem Alltag der Jugendlichen aus. Hier ein paar Negativbeispiele:

* in der Bahn oder in einem Lokal mit Freund*innen zusammen lautstark über andere Gäste ablästern und lachen
* auf einem Kinderspielplatz zusammen mit Freund*innen auf den Spielgeräten abhängen
* kleine Kinder auf dem Schulweg etwas necken und zum Spaß einschüchtern
* sich im Bus oder der Bahn auf den Sitzen mit Taschen breit machen
* sich an anderen auf der Rolltreppe vorbeidrängeln, weil man es eilig hat
* im Park ein paar Blumen pflücken, die es dort im Überfluss gibt

Zu diesen und ähnlichen Szenen können mit den Schüler*innen Alternativen erarbeitet werden. Die Verhaltensregeln sind auch kulturell geprägt. In einem Gespräch können diese kulturellen Unterschiede erarbeitet werden.

Zum Abschluss können die Schüler*innen AB 8.6 Kleiner Knigge (→ S. 154–155) bearbeiten und um weitere Situationen ergänzen.

Eine Auseinandersetzung mit den Hintergründen der Höflichkeitsregeln ist sinnvoll, damit die Schüler*innen verstehen, was hinter den Regeln steckt, und sie nicht nur um ihrer selbst willen befolgt werden. Ganz im Sinne von Knigge geht es bei allen Regeln um einen leichteren und besseren Umgang miteinander, um Entgegenkommen, Rücksicht und Respekt, die jede*r von uns erwartet.

Kleiner Knigge (1/2)

Adolph Franz Friedrich Ludwig Freiherr Knigge (* 16. Oktober 1752 ,† 6. Mai 1796) war ein deutscher Schriftsteller. Er verfasste die Schrift „Über den Umgang mit Menschen". Darin schrieb er Regeln zum Umgang auf. Es ging ihm um Höflichkeit und Respekt der Menschen und wie wir besser miteinander klarkommen. Heute steht der Name „Knigge" für einen Benimmratgeber. Dieser wird regelmäßig der modernen Zeit angepasst und neu aufgelegt.
„Gutes Benehmen" ist sehr von der Zeit und der sozialen Gruppe abhängig.
Es gibt einige Benimmregeln, die nicht nur dir das Leben erleichtern, sondern es auch deinen Mitmenschen leichter mit dir machen.

Aufgaben:

* Was bedeutet für dich gutes Benehmen? Lies die Aussagen. Streiche die Aussagen mit schlechtem Benehmen durch.
* Ergänze eigene Dinge, die du wichtig findest. Schreibe vier Beispiele auf.

bei der Begrüßung und beim Gespräch in die Augen schauen

freundlich sein

auf den Boden spucken

einander grüßen, wenn man sich sieht/trifft

schmatzend Kaugummi kauen

pünktlich sein

im Bus laute Musik hören

beim Gähnen die Hand vor den Mund halten

mit dem Finger auf andere zeigen

älteren Menschen den Vortritt lassen bzw. den Sitzplatz im öffentlichen Verkehrsmittel anbieten

sich über andere lustig machen

Rücksicht nehmen

Name .... Datum .... AB 6

Kleiner Knigge (2/2)

hilfsbereit sein

„bitte" und „danke" sagen

sich am Telefon mit vollständigem Namen melden

grüßen, wenn man einen Raum betritt, in dem schon jemand ist (zum Beispiel Warteraum)

im Restaurant Trinkgeld geben

in die Armbeuge niesen und husten

in der Öffentlichkeit streiten

mindestens eine Armlänge Abstand zu fremden Personen halten

bei wichtigen Gesprächen Handy weglegen oder ausschalten (wenn ein Anruf dringend ist, um Entschuldigung bitten und den Raum zum Telefonieren verlassen)

die Nase hochziehen

zuhören, andere ausreden lassen

in der Warteschlange drängeln

* Sprecht in der Klasse darüber, warum bestimmte Dinge unhöflich sind, zum Beispiel: **mit vollem Mund sprechen**
  - ✔ Wir nuscheln die Person, mit der wir sprechen, an. Sie versteht uns schlecht.
  - ✔ Wir zwingen die Person dazu, nachzufragen, weil wir mit Essen im Mund undeutlicher sprechen.
  - ✔ Die Person muss sich unser halb zerkautes Essen angucken, während wir sprechen. Das ist eklig.
  - ✔ Vielleicht spucken wir sogar aus Versehen, weil wir gleichzeitig essen und sprechen.